全国"八五"普法·融媒体学习教材系列
QUANGUO BAWU PUFA RONGMEITI XUEXI JIAOCAI XILIE

U0638365

国家工作人员

法治教育学习教材

（融媒体版）

中国社会科学院法学研究所法治宣传教育与公法研究中心◎组织编写

总顾问：张苏军　　　总主编：李　林　　　本册主编：莫纪宏　刘桂明　张佳立

中国出版集团　｜全国百佳图书
中国民主法制出版社｜出版单位

丛书编委会

让法治信仰植根于灵魂深处

　　党的十八大以来，以习近平同志为核心的党中央从坚持和发展中国特色社会主义的全局和战略高度定位法治、布局法治、厉行法治，将全面依法治国纳入"四个全面"战略布局，加强党对全面依法治国的集中统一领导，全面推进科学立法、严格执法、公正司法、全民守法，形成了习近平法治思想，开创了全面依法治国新局面，为在新的起点上建设法治中国奠定了坚实基础。

　　全民普法是全面依法治国的长期基础性工作，是中国特色社会主义法治建设的一大创举。在习近平新时代中国特色社会主义思想特别是习近平法治思想的科学指引下，在党中央、国务院正确领导下，"七五"普法规划顺利实施完成，取得重要成果。以宪法为核心的中国特色社会主义法律体系学习宣传深入开展，"谁执法谁普法"等普法责任制广泛实行，法治文化蓬勃发展，全社会法治观念明显增强，社会治理法治化水平明显提高。

　　当前，我国已开启全面建设社会主义现代化国家新征程，进入新发展阶段，迫切要求进一步提高全民族法治素养和道德素质，推动全社会尊法学法守法用法。为全面贯彻党的十九大和十九届二中、三中、四中、五中全会精神，深入学习贯彻习近平法治思想，推动"八五"普法（2021—2025年）工作守正创新、提质增效、全面发展，中国民主法制出版社联合中国社会科学院法学研究所，组织国内从事法律教学、研究和实务的专家学者，在新一轮的五年普法规划实施期间，推出"八五"普法融媒体版图书系列。

　　"八五"普法融媒体版图书系列由"融媒体学习教材""融媒体培训教材""融媒体读本""美好生活·民法典相伴"四大系列组成，在延续既往扎实的纸质内容的基础上，配合"八五"普法新要求，以创新作为生产力，采用新媒体载体，融入多媒体元素，线上线下结合，用多样态的精品内容和多维度、立体化的阅读方式，让法律"活"起来，进一步提升法治传播的覆盖面和便捷性，提高普法的针对性和实效性，积极服务高质量普法和精准普法。

全书系结合"八五"普法重点内容，针对不同普法对象、重要领域设计了不同的学法模式，既有对习近平法治思想的权威解读，又有对法律知识要点的精心梳理；既有公职人员必学必悟的深刻典型案例，又有老百姓易看易懂的释法小案例；既体现社会热点，又结合实践难点；既追求法律知识的科学严谨，又让人学得进看得懂记得牢。各系列图书内容全面，解读到位，形式丰富，实用性、指导性、可读性强，是新时代提升公民法治素养的重要读物，为不同群体尊法学法守法用法提供专业的全方位指引。

习近平总书记指出，法律要发挥作用，首先全社会要信仰法律。法律的权威源自人民的内心拥护和真诚信仰。衷心希望各系列图书的出版，能够在"八五"普法工作中发挥应有的作用，切实推动法治成为社会共识和基本准则，让法治信仰植根于人们灵魂深处，人人敬畏法律，人人尊崇法治，进而为全面建设社会主义现代化国家营造良好的法治环境。

丛书编委会

2021 年 9 月

目　录

第一章

习近平法治思想的重大意义和核心要义

　　2020 年 11 月 16 日至 17 日在北京举行的中央全面依法治国工作会议强调：习近平法治思想是顺应实现中华民族伟大复兴时代要求应运而生的重大理论创新成果。习近平法治思想凝聚着中国共产党人在法治建设长期探索中形成的经验积累和智慧结晶，标志着我们党对共产党执政规律、社会主义建设规律、人类社会发展规律的认识达到了新高度，开辟了 21 世纪马克思主义法治理论和实践的新境界。当前和今后一段时间，对于理论界和实务界来说，在认真学习和领会习近平法治思想的精神实质的基础上，深入研究习近平法治思想的理论特征，全面和系统地归纳和总结习近平法治思想的理论内涵，科学地构建习近平法治思想的理论体系，用习近平法治思想来指导新时代中国特色社会主义法治理论以及中国特色社会主义法学理论的研究事业不断健全和完善，是义不容辞的理论研究任务和重要历史使命。

扫码学讲话

坚定不移走中国特色社会主义法治道路　为全面建设社会主义现代化国家提供有力法治保障

第一节　习近平法治思想的重大意义

习近平法治思想作为党的十八大以后以习近平同志为核心的党中央运用法治作为治国理政基本方式，基于中国特色社会主义法治实践逐渐形成并在理论形态上趋于完善的马克思主义法治理论中国化的最新成果，具有重大的理论意义、实践意义、政治意义、世界意义。

一、习近平法治思想的理论意义

习近平法治思想作为顺应实现中华民族伟大复兴时代要求应运而生的重大理论创新成果，其基本的理念、观点和思想来源于中国特色社会主义法治实践，是理论与实践相结合、"学以致用"的全面和系统化的法治理论和学说。

其一，习近平法治思想通过中国特色社会主义法治实践全面和系统地继承和发展了马克思主义法治理论，高举了马克思主义思想大旗，保证了中国特色社会主义法治道路的中国特色，增强了中国特色社会主义法治理论的理论自信。习近平法治思想运用马克思主义立场、观点和方法来分析和研究、解决中国特色社会主义法治实践中出现的各种具体法律问题，其理论观点的形成具有实践性、针对性、具体性。因此，习近平法治思想具备了理论转化为指导实践能力的"生产力"，使得马克思主义法治理论始终保持了与时俱进的理论活力和思想原动力，在法治思想领域巩固和捍卫了马克思主义思想意识形态阵地。

2021年是中国共产党成立一百周年。中国共产党自百年前登上了历史舞台，就担负起了在中国传播马克思主义思想学说、实践马克思主义基本理论主张的历史重任。其中，在中国革命、建设、改革的历史进程中，马克思主义法治理论随同马克思主义理论学说一起经过与中国实际相结合，形成了符合中国具体国情的中国特色社会主义法治理论。毛泽东思想、邓小平理论、"三个代表"重要思想、科学发展观、习近平新时代中国特色社会主义思想都包含着丰富和深刻的法治理论，尤其是习近平法治思想实现了马克思主义法治思想新的历史性飞跃和中国特色社会主义法治理论的系统性创新发展。因此，从习近平法治思想形成的内在历史逻辑来看，习近平法治思想继承的是马克思主义法治理论的思想路线，而不是其他任何形式的法治理论和学说，尽管在习近平法治思想形成过程中也合理地吸收了古今中外法治理论和学说中的合理成分，但就其理论发展脉络来说，习近平法治思想是马克思主义法治理论中国化最新成果，这是习近平法治思想的基本理论特性和不可否定的内在的客观历史逻辑。

其二，习近平法治思想以历史与现实相贯通的思想方法，正确地区分了改革开放之前三十年与改革开放之后三十年中国共产党领导中国人民建设中国特色社会主义法律制度的法治发展史，坚持了"两个三十年"的思想意识形态的一贯性与统一性，维护了中国特色社会主义法治理论的道路自信、理论自信、制度自信、文化自信。与此同时，以党的十八大为分界，习近平法治思想在党的十八大业已形成的初具规模的中国特色社会主义法治理论基础上，结合新时代的具体要求，从历史和现实相贯通、国际和国内相关联、理论和实际相结合上，深刻回答了新时代为什么实行全面依法治国、怎样实行全面依法治国等一系列重大问题，形成了理论形态科学和完整的新时代中国特色社会主义法治理论。

以1978年12月党的十一届三中全会为标志，中国进入了改革开放的新时期，开辟了中国特色社会主义道路，形成了中国特色社会主义理论。中国特色社会主义理论体系适应改革开放和社会主义现代化建设新时期、新形势、新任务的要求，提出了一系列具有重要战略意义的民主法治思想，确立了依法治国方略和依法执政基本方式，提出了建设社会主义法治国家的历史任务。在这个过程中，邓小平理论创立了中国特色社会主义法治理论，"三个代表"重要思想、科学发展观丰富和发展了中国特色社会主义法治理论，初步形成了中国特色社会主义法治理论体系。

邓小平理论、"三个代表"重要思想和科学发展观的法治理论是马克思主义法治理论中国化的重要成果，也是习近平法治思想形成的重要理论资源，是习近平法治思想内在历史逻辑的关键一环，对于习近平法治思想全面继承和发展马克思主义法治理论起到了承上启下的重要作用，为习近平法治思想的理论体系建设提供了丰富的思想资源。

其三，习近平法治思想作为习近平新时代中国特色社会主义思想的重要组

扫码看讲座

习近平法治思想的理论体系

成部分，与习近平强军思想、经济思想、生态文明思想、外交思想一起，在习近平新时代中国特色社会主义思想的理论体系中获得了相同的理论地位，共同构成了党的十九大报告所确认的习近平新时代中国特色社会主义思想的"四梁八柱"，为习近平新时代中国特色社会主义思想理论体系的最终形成提供了科学和有效的理论方案。

党的十九大报告从理论层面确认了习近平新时代中国特色社会主义思想的理论指导地位，并把习近平新时代中国特色社会主义思想作为中国特色社会主义理论体系的重要组成部分。结合中央全面依法治国工作会议提出的习近平法治思想是"习近平新时代中国特色社会主义思想的重要组成部分"的政策表述，从理论逻辑上可以得出以下结论：习近平法治思想是习近平新时代中国特色社会主义思想的重要组成部分，习近平新时代中国特色社会主义思想是中国特色社会主义理论体系的重要组成部分，故习近平法治思想也是中国特色社会主义理论体系的重要组成部分。在法理上，习近平法治思想是新时代中国特色社会主义法治理论的最新表述，与习近平强军思想、经济思想、生态文明思想和外交思想一道，构成了习近平新时代中国特色社会主义思想理论体系中形态最成熟的理论内涵。根据习近平法治思想与习近平新时代中国特色社会主义思想、中国特色社会主义理论体系相互之间层层递进的逻辑关系，构建习近平法治思想的理论体系应当遵循构建习近平新时代中国特色社会主义思想理论体系以及中国特色社会主义理论体系的一般理论逻辑方法，要把习近平法治思想理论体系放在习近平新时代中国特色社会主义思想理论体系、中国特色社会主义理论体系中来认识其自身的性质、地位和特点，从而更加科学和准确地揭示习近平法治思想的理论内涵以及逻辑严密、上下关联的理论体系。

其四，习近平法治思想作为马克思主义法治理论中国化最新成果，为马克思主义法学理论研究事业的不断深入发展提供了最新的指导思想和法律原则，也为从学理上构建习近平法治思想法理学的学科体系、学术体系和话语体系提供了思想资源和理论素材，习近平法治思想法理学相应地成为马克思主义法理学的最新理论成就以及最新存在形式。当前和今后一个时期，法学界要在认真学习和领会习近平法治思想基本精神和核心要义的基础上，科学地构建习近平法治思想法理学，并将习近平法治思想法理学的理论研究成果广泛地应用到法学教育基础课程的教学体系之中，进一步加大习近平法治思想对法学教育和法学研究的指导力度。

二、习近平法治思想的实践意义

习近平法治思想来源于实践，服务于实践。中央全面依法治国工作会议强调：习近平法治思想是全面依法治国的根本遵循和行动指南。作为引领全面依法治国的指导思想，习近平法治思想的一个最重要理论来源——党的十八届四中全会审议通过的《中共中央关于全面推进依法治国若干重大问题的决定》（以下简称《全面推进依法治国的决定》），全面和系统地明确了全面依法治国的指导思想、总目标、基本原则、重点领域、改革措施、领导组织体制等一系列重大的法治政策，同时对宪法实施、立法、执法、司法、守法、法治监督、法治实施、法治保障、党内法规建设、党对全面依法治国的领导方式、"一国两制"法治保障模式等几乎是法治中国建设的各个领域提出了明确清晰的政治主张和政策要求。在全面依法治国的实践中，只有自觉地把习近平法治思想贯彻到全面推进依法治国的全过程与各方面，才能在习近平法治思想的引领和保障下，按照党的十九大所设计的建设中国特色社会主义法治体系和建设社会主义法治国家的时间表、路线图，有计划、分步骤地实现全面依法治国基本方略的各项既定政策目标。

习近平法治思想根植于生动活泼的中国特色社会主义法治实践，其中最重要的理论命题和重大的理论判断都不是依赖于法律逻辑上的简单演绎和推论，也不是法治实践中获得的经验的简单归纳、总结，而是自始至终保持了实践第一的理论品格。因此，习近平法治思想在理论形态上更多地表现为对法治实践活动的政策要求和政策指导，具有很强的针对性、具体性和实效性。

党的十八大报告将法治作为治国理政的基本方式确立下来，并且明确地提出了新时代中国特色社会主义法治建设的十六字方针，即科学立法、严格执法、公正司法和全民守法。十六字方针都是针对法治工作重点环节提出的具体要求，是可以通过立法、执法、司法和守法的具体实践活动得到体现的，而不是仅仅停留在法治概念的逻辑循环上。因此，对于习近平法治思想科学性的检验，不能仅仅依靠传统法学的概念体系、命题机制和判断方式来简单地推导出理性化的法治要求或者应然的法治目标。习近平总书记特别重视"不能就法治论法治"。中国特色社会主义法治理论要积极主动地回应现实中的具体法律问题，并且以获得解决具体法律问题的最佳制度方案作为习近平法治思想的理论着力点。

扫码看讲座

习近平法治思想的
方法论特征

（一）关于科学立法的实践要求

党的十八大以来，习近平总书记多次在不同场合提出了比较具体的制度建设要求，其中最核心的观点是立法质量这个重要指标。在《关于〈中共中央关于全面推进依法治国若干重大问题的决定〉的说明》（以下简称《说明》）中，习近平总书记对当前影响立法质量的各种制度性因素作了细致的分析。习近平总书记指出："我们在立法领域面临着一些突出问题，比如，立法质量需要进一步提高，有的法律法规全面反映客观规律和人民意愿不够，解决实际问题有效性不足，针对性、可操作性不强；立法效率需要进一步提高。还有就是立法工作中部门化倾向、争权诿责现象较为突出，有的立法实际上成了一种利益博弈，不是久拖不决，就是制定的法律法规不大管用，一些地方利用法规实行地方保护主义，对全国形成统一开放、竞争有序的市场秩序造成障碍，损害国家法治统一。"关于科学立法的核心精神，习近平总书记在《说明》中强调："科学立法的核心在于尊重和体现客观规律。"在立法中要尊重和体现客观规律，最重要的问题是如何科学地处理立法与改革之间的辩证关系。对此，2014年2月28日，习近平总书记在中央全面深化改革领导小组第二次会议上的讲话中指出："在整个改革过程中，都要高度重视运用法治思维和法治方式，发挥法治的引领和推动作用，加强对相关立法工作的协调，确保在法治轨道上推进改革。"对于立法与改革之间的基本关系，习近平总书记从科学立法原则出发，提出了"凡属重大改革要于法有据"的重要理论论断。在具体运用立法推动改革的过程中，习近平总书记强调，凡属重大改革要于法有据，需要修改法律的可以先修改法律，先立后破，有序进行。有的重要改革举措，需要得到法律授权的，要按照法律程序进行。

在具体落实"科学立法"原则方面，习近平总书记也提出了一系列具体要求，包括制定立法规划、完善法律法规修改工作以及加强重点领域的立法等事项。关于制定立法规划，习近平总书记指出："要抓紧制定立法规划，完善互联网信息内容管理、关键信息基础设施保护等法律法规，依法治理网络空间，维护公民合法权益。"关于法律修改工作，习近平总书记针对很多具体领域提出了明确的立法任务。在中央财经领导小组第七次会议上的讲话中，习近平总书记指出："抓紧修改完善相关法律法规，尽快完成促进科技成果转化法的修订，加快标准化法、反垄断法、公司法以及知识产权保护等方面的法律法规修订工作，研究制定商业秘密保护法、职务发明条例、天使投资条例等。"在加强重点领域立法方面，习近平总书记非常关注生物安全法、民法典的制定工作，对生物安全法、民法典都作了精辟的论述，成为这些领域立法工作的指导思想。

（二）关于严格执法的实践要求

对于执法不严的危害性，习近平总书记在《说明》中明确指出："政府是执法主体，对执法领域存在的有法不依、执法不严、违法不究甚至以权压法、权钱交易、徇私枉法等突出问题，老百姓深恶痛绝，必须下大力气解决。"对于严格执法要重点解决的问题，习近平总书记也明确指出："推进严格执法，重点是解决执法不规范、不严格、不透明、不文明以及不作为、乱作为等突出问题。"而严格执法中的"严"表现在哪些领域，习近平总书记强调：严格执法工作的重点是"要严格执法资质、完善执法程序，建立健全行政裁量权基准制度，确保法律公正、有效实施"。

在执法实践中，严格执法中的"严"很容易沦落为"严酷""严厉"，而不是法治原则所要求的执法平等、执法规范等理性执法行为。习近平总书记在庆祝澳门回归祖国15周年大会暨澳门特别行政区第四届政府就职典礼上的讲话中指出："人类社会发展的事实证明，依法治理是最可靠、最稳定的治理。"从现代国家治理角度来看，严格执法旨在一丝不苟地按照法律法规的要求去做，从而树立法律自身的权威以及在老百姓中的公信力，是政府信赖原则赖以存在的前提。2013年2月23日，习近平总书记在十八届中央政治局第四次集体学习时的讲话中曾经借用我国古代"徙木立信"的典故来说明严格执法所产生的巨大法律公信力，习近平总书记一针见血地指出："这就是说要言而有信。现在，我们社会生活中发生的许多问题，有的是因为立法不够、规范无据，但更多是因为有法不依、失于规制乃至以权谋私、徇私枉法、破坏法治。"

（三）关于公正司法的实践要求

习近平总书记曾经引用英国哲学家培根的名言来阐述公正价值对于司法活动的价值和意义。英国哲学家培根说："一次不公正的裁判，其恶果甚至超过十次犯罪。因为犯罪虽是无视法律——好比污染了水流，而不公正的审判则毁坏法律——好比污染了水源。"习近平总书记针对培根上述关于司法必须具有公正价值的名言的实践意义作出了深入的阐述。习近平总书记指出："这其中的道理是深刻的。政法机关是老百姓平常打交道比较多的部门，是群众看党风政风的一面镜子。如果不努力让人民群众在每一个司法案件中都感受到公平正义，人民群众就不会相信政法机关，从而也不会相信党和政府。"

针对司法实践中存在的司法不公问题，党的十八大以来，习近平总书记多次在不同场合发表了重要讲话和论述，在指出司法不公现象存在的特征及危害的基础上，强调了要侧重解决影响公正司法的来自司法外部的干预、司法本身的腐败以及司法制度的不健全等问题，全面和系统地勾画了公正司法的价值目标和理论框架。

为了杜绝在司法活动中找关系、托人情的社会陋习，习近平总书记强调，要侧重解决人民群众普遍关心的司法腐败现象，为公正司法创造一个良好的社会环境。习近平总书记指出："旗帜鲜明反对腐败，是政法战线必须打好的攻坚战。一些有权人、有钱人搞花钱捞人、花钱买命、提钱出狱，为什么能得手，原因就是政法队伍中存在腐败现象。"对于那些利用手中权力肆意妄为地从事司法腐败、搞钱权交易，严重损害司法公正形象和司法公信力的政法队伍中的害群之马，习近平总书记提出来下大力气对各种司法腐败现象实行零容忍。在2014年1月7日召开的中央政法工作会议上，习近平总书记对如何打击司法腐败现象作了深入阐述："要健全政法部门分工负责、互相配合、互相制约机制，通过完善的监督管理机制、有效的权力制衡机制、严肃的责任追究机制，加强对执法司法权的监督制约，最大限度减少权力出轨、个人寻租的机会。对司法腐败，要零容忍，坚持'老虎''苍蝇'一起打，坚决清除害群之马。"拒腐防变是中国共产党继续长期执政所面临的严峻考验。唯有严肃认真地对待，才能够保证党的政策、方针的执行，才能保障国家长治久安。

为了从制度源头为公正司法提供可靠的保障，习近平总书记明确提出了要坚持中国特色社会主义司法制度不动摇，特别是通过深化司法体制改革来为公正司法提供良好的制度条件和环境。首先，习近平总书记强调要增强对中国特色社会主义司法制度的自信，绝不能采取西方的司法独立模式，要在党的领导下，通过不断完善中国特色社会主义司法制度来为公正司法创造良好的制度条件和环境。其次，在谈到如何实现公正司法时，习近平总书记强调必须直面司法活动中存在的各种影响司法公正的负面影响和消极现象，解决问题要靠深化司法体制改革。最后，习近平总书记对于深化司法体制改革在保证公正司法中的重要作用作了深入分析，提出了有助于推动公正司法的司法改革方案。习近平总书记强调："深化司法体制改革，一个重要目的是提高司法公信力，让司法真正发挥维护社会公平正义最后一道防线的作用。""要从确保依法独立公正行使审判权检察权、健全司法权力运行机制、完善人权司法保障制度三个方面，着力解决影响司法公正、制约司法能力的深层次问题，破解体制性、机制性、保障性障碍。"

（四）关于全民守法的实践要求

全面推进依法治国所涉及领域的"全面性"必然要求作为法治重要环节"守法"的"全民性"与此相对应，没有全民守法，全面推进依法治国中的"全面"就无从谈起，因此，全面推进依法治国离不开全民守法的保障。习近平总书记指出："法律要发挥作用，需要全社会信仰法律。""只有树立对法律的信仰，各族群众自觉按法律办事，民族团结才有保障，民族关系才会牢固。"全民守法需要通过建设社会主义法治文化来加以巩固。习近平总书记指出："全面推进依法治国需要全社会共同参与，需要全社会法治观念增强，必须在全社会弘扬社会主义法治精神，建设社会主义法治文化。""要在全社会树立法律权威，使人民认识到法律既是保障自身权利的有力武器，也是必须遵守的行为规范，培育社会成员办事依法、遇事找法、解决问题靠法的良好环境，自觉抵制违法行为，自觉维护法治权威。"相对于法治国家建设来说，法治社会的建设任务要更加复杂一些，一方面要通过全民守法来保证掌握公权力的机关和个人依法行使职权，另一方面需要通过全民守法，来使社会公众在内心深处产生对法治的信任、信赖和信仰，提升全民的守法意识、守法能力和守法水平。培养社会公众遵守宪法法律的法治文化，涉及社会公众的心理意识倾向，特别是关乎社会公众的行为习惯，因此，必须要通过潜移默化的手段来强化全民守法的实际效果，要努力推进全民守法向全民信法转变。在具体实践中，要通过提升宪法法律在解决社会矛盾和纠纷中的权威和公信力，彻底解决社会公众"信访不信法"等轻视和忽视法律权威现象产生的制度和社会根源，让法律扎根于普通民众的心中，让法律的要求转化成人们内心的思维习惯和行为方式，让社会公众在日常的社会交往中养成崇尚依法办事的心理特征和文化形态。

三、习近平法治思想的政治意义

习近平法治思想是我们党宝贵的精神财富，习近平法治思想作为党的十九大确认的习近平新时代中国特色社会主义思想的重要组成部分，适应了中华民族伟大复兴的时代要求，全面和系统地总结了党的十八大以来以习近平同志为核心的党中央运用法治作为治国理政基本方式全面推进依法治国的宝贵经验，为法治中国建设提供了明确的前进方向。我们要自觉地坚持用习近平法治思想武装头脑，增强"四个意识"、坚定"四个自信"、做到"两个维护"，增强坚守法治、厉行法治的政治观察力、政治判断力和政治定力，坚定不移地走中国特色社会主义法治道路，坚持不懈地深化全面依法治国实践，为全面建设社会主义现代化国家提供强有力的政治基础和法治保障。

习近平法治思想运用马克思主义立场、观点和方法来全面和系统地分析、归纳和总结中国特色社会主义法治实践中出现的各种法律现象和问题，抓住了"坚持党的领导"这一法治中国建设的根本政治方向，确保了法治中国建设沿着正确的发展轨道前行。习近平总书记在中央全面依法治国工作会议上强调，要坚持党对全面依法治国的领导。在全面推进依法治国过程中，通过党领导立法、保证执法、支持司法、带头守法，把党的领导贯彻落实到全面依法治国的全过程和各方面，这就实现了依法执政深度与广度的有机结合，保证了全面依法治国正确的政治方向。在中国搞法治建设，离开了党的领导，只能一事无成。而坚持党对全面依法治国的领导正是习近平法治思想的首要法理，是习近平法治思想的理论逻辑的大前提。

习近平法治思想坚持"以人民为中心"，把法治中国建设与以人民为中心和保障人民当家作主的政治地位有机地统一起来，始终不渝地坚守中国特色社会主义法治道路的人民性。习近平总书记在中央全面依法治国工作会议上强调，要坚持以人民为中心。"以人民为中心"是党的十八大以来以习近平同志为核心的党中央治国理政的一条基本原则，也是中国共产党安身立命的基础。中国共产党百年奋斗的历史表明，中国共产党与中国人民融为一体。中国共产党领导中国人民经过28年浴血奋战取得了新民主主义革命的伟大胜利、建立了新中国，离不开人民的支持；新中国成立以后，中国共产党领导中国人民从站起来、富起来到强起来的革命、建设和改革的历史，也须臾不能离开人民的支持。所以，离开了人民，中国共产党就丧失了存在的合法性根基。习近平总书记在庆祝中国共产党成立100周年大会上的讲话中总结中国共产党百年奋斗的经验时，非常旗帜鲜明地宣称：江山就是人民、人民就是江山，打江山、守江山，守的是人民的心。中国共产党根基在人民、血脉在人民、力量在人民。中国共产党始终代表最广大人民根本利益，与人民休戚与共、生死相依，没有任何自己特殊的利益，从来不代表任何利益集团、任何权势团体、任何特权阶层的利益。在新的征程上，我们必须紧紧依靠人民创造历史，坚持全心全意为人民服务的根本宗旨，站稳人民立场，贯彻党的群众路线，尊重人民首创精神，践行以人民为中心的发展思想，发展全过程人民民主，维护社会公平正义，着力解决发展不平衡不充分问题和人民群众急难愁盼问题，推动人的全面发展、全体人民共同富裕取得更为明显的实质性进展！

因此，把中国特色社会主义法治建设立足于"以人民为中心"原则之上，就从政治立场上彻底解决了法治中国"为了谁"的问题，真正揭示了中国特色社会主义法治实践的利益取向，也就是说，法治中国建设时刻都不能偏离全心全意为人民服务这一根本政治目标和理念，离开了对人民根本利益的关注，中国特色社会主义法治建设就会偏离正确的政治方向。

四、习近平法治思想的世界意义

习近平总书记在中央全面依法治国工作会议上指出，要坚持统筹推进国内法治和涉外法治。作为习近平法治思想的核心要义，涉外法治把国内法治、国际法治和外国法治有机地结合在一起，把法治中国建设与借鉴和吸收古今中外人类法治文明发展的一切优秀成果结合起来，特别是以推动"一带一路"倡议实施为动力、以构建人类命运共同体为目标，为人类法治文明的发展提供了中国方案、贡献了中国智慧。因此，习近平法治思想具有推动人类社会法治文明不断走向进步的世界意义。

2014 年 6 月 28 日，国家主席习近平在和平共处五项原则发表 60 周年纪念大会上的讲话中强调："我们应该共同推动国际关系法治化。推动各方在国际关系中遵守国际法和公认的国际关系基本原则，用统一适用的规则来明是非、促和平、谋发展。'法者，天下之准绳也。'在国际社会中，法律应该是共同的准绳，没有只适用他人、不适用自己的法律，也没有只适用自己、不适用他人的法律。适用法律不能有双重标准。我们应该共同维护国际法和国际秩序的权威性和严肃性，各国都应该依法行使权利，反对歪曲国际法，反对以'法治'之名行侵害他国正当权益、破坏和平稳定之实。"

党的十八大以来，以习近平同志为核心的党中央在全面推进依法治国的过程中，注重把国内法治实践与国际法治实践两个方面有机结合起来，提出了加强人类命运共同体建设，促进国际民主原则和国际法治原则的不断完善和有效使用的大国外交战略。围绕着构建人类命运共同体，新时代中国特色社会主义法治建设的理论更加关注国际法治秩序建设，维护现行的国际法体系，推动国际关系的法治化。国家主席习近平 2015 年 9 月 28 日在纽约联合国总部出席第七十届联合国大会一般性辩论并发表题为《携手构建合作共赢新伙伴 同心打造人类命运共同体》的重要讲话。习近平指出："'大道之行也，天下为公。'和平、发展、公平、正义、民主、自由，是全人类的共同价值，也是联合国的崇高目标。目标远未完成，我们仍须努力。当今世界，各国相互依存、休戚与共。我们要继承和弘扬联合国宪章的宗旨和原则，构建以合作共赢为核心的新型国际关系，打造人类命运共同体。"

坚持统筹推进国内法治和涉外法治，其中涉外法治的一个最重要的事项就是国内法治要与国际法治保持高度的协调性和一致性。习近平总书记指出："我们要继承和弘扬联合国宪章的宗旨和原则，构建以合作共赢为核心的新型国际关系，打造人类命运共同体。"对于如何构建新型国际关系，习近平总书记强调："任何国家都不能随意发动战争，不能破坏国际法治，不能打开潘多拉的盒子。"因此，坚持用习近平法治思想指导法治中国建设的实践，就是要坚持国内法治与国际法治两个方面的辩证统一，把坚持和平共处五项原则、坚持国际法治原则作为国际交往关系和交往秩序的基本准则，充分发挥习近平法治思想对于推动"一带一路"倡议实施和构建人类命运共同体的非常重要的促进作用。

第二节　习近平法治思想的核心要义

习近平法治思想在政策层面的确认，其概念经过了一个逐渐发展的过程。党的十八大以后，首先使用的是"习近平总书记关于全面依法治国的系列重要论述"的表达方式，对此，中共中央文献研究室 2015 年编辑出版了《习近平关于全面依法治国论述摘编》。该书内容，摘自习近平同志自 2012 年 12 月 4 日至 2015 年 2 月 2 日的讲话、报告、批示、指示等 30 多篇重要文献，分 8 个专题，共计 193 段论述。《习近平关于全面依法治国论述摘编》成为党的十八大以后相当长的一段时间内法学界研究习近平法治思想的重要文献。这是习近平法治思想概念形成的第一个阶段。

习近平法治思想概念形成的第二个阶段始自 2018 年 8 月 24 日中央全面依法治国委员会第一次会议。此次会议首次使用了"习近平全面依法治国新理念新思想新战略"的提法，并且提出了全面依法治国的指导思想、发展道路、工作布局、重点任务，概括为"十个坚持"，包括：坚持加强党对依法治国的领导；

坚持人民主体地位；坚持中国特色社会主义法治道路；坚持建设中国特色社会主义法治体系；坚持依法治国、依法执政、依法行政共同推进，法治国家、法治政府、法治社会一体建设；坚持依宪治国、依宪执政；坚持全面推进科学立法、严格执法、公正司法、全民守法；坚持处理好全面依法治国的辩证关系；坚持建设德才兼备的高素质法治工作队伍；坚持抓住领导干部这个"关键少数"。习近平全面依法治国新理念新思想新战略概念的提出可以说是对党的十八大以来习近平总书记关于全面依法治国一系列重要论述中的法治思想所作的第一次抽象性的理论概括和提炼，提出了习近平总书记关于全面依法治国一系列重要论述中所蕴含的习近平法治思想的重要特征，尽管法治思想尚未形成正式的理论体系，但是已经具备了理念、思想和战略相结合的理论形态，特别是"十个坚持"核心要义的提出，使得习近平总书记关于全面依法治国一系列重要论述的法治思想内涵更加清晰和具有系统性。

2020 年 11 月 16 日至 17 日举行的中央全面依法治国工作会议第一次明确了"习近平法治思想"的概念，习近平总书记发表了题为《以科学理论指导全面依法治国各项工作》的讲话。习近平总书记在讲话中明确提出了全面推进依法治国的"十一个坚持"：

坚持党对全面依法
治国的领导

一是要坚持党对全面依法治国的领导。党的领导是推进全面依法治国的根本保证。国际国内环境越是复杂，改革开放和社会主义现代化建设任务越是繁重，越要运用法治思维和法治手段巩固执政地位、改善执政方式、提高执政能力，保证党和国家长治久安。全面依法治国是要加强和改善党的领导，健全党领导全面依法治国的制度和工作机制，推进党的领导制度化、法治化，通过法治保障党的路线方针政策有效实施。

二是要坚持以人民为中心。全面依法治国最广泛、最深厚的基础是人民，必须坚持为了人民、依靠人民。要把体现人民利益、反映人民愿望、维护人民权益、增进人民福祉落实到全面依法治国各领

坚持以人民为中心

域全过程。推进全面依法治国，根本目的是依法保障人民权益。要积极回应人民群众新要求新期待，系统研究谋划和解决法治领域人民群众反映强烈的突出问题，不断增强人民群众获得感、幸福感、安全感，用法治保障人民安居乐业。

坚持中国特色社会主义
法治道路

三是要坚持中国特色社会主义法治道路。中国特色社会主义法治道路本质上是中国特色社会主义道路在法治领域的具体体现。既要立足当前，运用法治思维和法治方式解决经济社会发展面临的深层次问题；又要着眼长远，筑法治之基、行法治之力、积法治之势，促进各方面制度更加成熟更加定型，为党和国家事业发展提供长期性的制度保障。要传承中华优秀传统法律文化，从我国革命、建设、改革的实践中探索适合自己的法治道路，同时借鉴国外法治有益成果，为全面建设社会主义现代化国家、实现中华民族伟大复兴夯实法治基础。

四是要坚持依宪治国、依宪执政。党领导人民制定宪法法律，领导人民实施宪法法律，党自身要在宪法法律范围内活动。全国各族人民、一切国家机关和武装力量、各政党和各社会团体、各企业事业组织，都必须以宪法为根本的活动准则，都负有维护宪法尊严、保证宪法实施的职责。坚持依宪治

坚持依宪治国、依宪执政

国、依宪执政，就包括坚持宪法确定的中国共产党领导地位不动摇，坚持宪法确定的人民民主专政的国体和人民代表大会制度的政体不动摇。

坚持在法治轨道上推进
国家治理体系和治理能
力现代化

五是要坚持在法治轨道上推进国家治理体系和治理能力现代化。法治是国家治理体系和治理能力的重要依托。只有全面依法治国才能有效保障国家治理体系的系统性、规范性、协调性，才能最大限度凝聚社会共识。在统筹推进伟大斗争、伟大工程、伟大事业、伟大梦想的实践中，在全面建设社会主义现代化国家新征程上，要更加重视法治、厉行法治，更好发挥法

治固根本、稳预期、利长远的重要作用，坚持依法应对重大挑战、抵御重大风险、克服重大阻力、解决重大矛盾。

六是要坚持建设中国特色社会主义法治体系。中国特色社会主义法治体系是推进全面依法治国的总抓手。要加快形成完备的法律规范体系、高效的法治实施体系、严密的法治监督体系、有力的法治保障体系，形成完善的党内法规体系。要坚持依法治国和以德治国相结合，实现法治和德治相辅相成、相得益彰。要积极推进国家安全、科技创新、公共

坚持建设中国特色社会主义法治体系

卫生、生物安全、生态文明、防范风险、涉外法治等重要领域立法，健全国家治理急需的法律制度、满足人民日益增长的美好生活需要必备的法律制度，以良法善治保障新业态新模式健康发展。

坚持依法治国、依法执政、依法行政共同推进，法治国家、法治政府、法治社会一体建设

七是要坚持依法治国、依法执政、依法行政共同推进，法治国家、法治政府、法治社会一体建设。全面依法治国是一个系统工程，要整体谋划，更加注重系统性、整体性、协同性。法治政府建设是重点任务和主体工程，要率先突破，用法治给行政权力定规矩、划界限，规范行政决策程序，加快转变政府职能。要推进严格规范公正文明执法，提高司法公信力。全民普法工作要在针对性和实效性上下功夫，特别是要加强青少年法治教育，不断提升全体公民法治意识和法治素养。要完善预防性法律制度，坚持和发展新时代"枫桥经验"，促进社会和谐稳定。

八是要坚持全面推进科学立法、严格执法、公正司法、全民守法。要继续推进法治领域改革，解决好立法、执法、司法、守法等领域的突出矛盾和问题。公平正义是司法的灵魂和生命。要深化司法

坚持全面推进科学立法、严格执法、公正司法、全民守法

责任制综合配套改革，加强司法制约监督，健全社会公平正义法治保障制度，努力让人民群众在每一个司法案件中感受到公平正义。要加快构建规范高效的制约监督体系。要推动扫黑除恶常态化，坚决打击黑恶势力及其"保护伞"，让城乡更安宁、群众更安乐。

坚持统筹推进国内
法治和涉外法治

九是要坚持统筹推进国内法治和涉外法治。要加快涉外法治工作战略布局，协调推进国内治理和国际治理，更好维护国家主权、安全、发展利益。要强化法治思维，运用法治方式，有效应对挑战、防范风险，综合利用立法、执法、司法等手段开展斗争，坚决维护国家主权、尊严和核心利益。要推动全球治理变革，推动构建人类命运共同体。

十是要坚持建设德才兼备的高素质法治工作队伍。要加强理想信念教育，深入开展社会主义核心价值观和社会主义法治理念教育，推进法治专门队伍革命化、正规化、专业化、职业化，确保做到忠于党、忠于国家、忠于人民、忠于法律。要教育引导法律服务工作者坚持正确政治方向，依法依规诚信执业，认真履行社会责任。

坚持建设德才兼备的
高素质法治工作队伍

十一是要坚持抓住领导干部这个"关键少数"。各级领导干部要坚决贯彻落实党中央关于全面依法治国的重大决策部署，带头尊崇法治、敬畏法律，了解法律、掌握法律，不断提高运用法治思维和法治方式深化改革、推动发展、化解矛盾、维护稳定、应对风险的能力，做尊法学法守法用法的模范。要力戒形式主义、官僚主义，确保全面依法治国各项任务真正落到实处。

坚持抓住领导干部这个
"关键少数"

相对于作为习近平全面依法治国新理念新思想新战略的核心要义的"十个坚持"而言，作为习近平法治思想核心要义的"十一个坚持"，在概括、提炼以及准确表述习近平总书记关于全面依法治国一系列重要论述中的法治思想的内涵方面，其所归纳的观点和内涵更加丰富、外延更加宽广、体系更加完整。"十一个坚持"将"十个坚持"中的"坚持人民主体地位"修改为"坚持以人民为中心"，这一新提法的特征是通过坚持以人民为中心，进一步对全面依法治国在体现人民意志、保护人民利益方面提出了更高的法律要求。也就是说，中国特色社会主义法律制度不仅仅要充分保障人民当家作主的民主权利，保证人民通过各种方式参政议政，体现人民的主人翁地位，更重要的是中国特色社会主义法律制度还要处处从维护人民合法权益着手，要把保护公民的各项合法权利作为法律制度运行的一项重要制度功能。"十一个坚持"中的"坚持以人民为中心"很显然丰富了"十个坚持"中的"坚持人民主体地位"的思想内涵，进一步丰富了习近平法治思想的思想内涵。此外，"十一个坚持"中还增加了"十个坚持"中所没有的两项内容，一是增加了"坚持在法治轨道上推进国家治理体系和治理能力现代化"，二是增加了"坚持统筹推进国内法治和涉外法治"。这两个新增加的"坚持"进一步拓展了习近平法治思想的理论视野，扩大了习近平法治思想的理论指导领域，进一步巩固了习近平法治思想作为新时代中国特色社会主义法治理论的指导思想地位。

"十一个坚持"揭示了习近平法治思想的基本精神和核心要义，为法学界从法理上科学和全面系统地阐述习近平法治思想的理论构成要素、思想体系、学术价值和制度功能提供了科学和明确的政策指引，为中国特色社会主义法治理论研究和法学理论研究指明了正确的学术研究方向。鉴于"十一个坚持"在理论形态上没有穷尽习近平法治思想的所有理论内涵，学习和领会习近平法治思想的理论内涵，还需要结合党的十八大以来以习近平同志为核心的党中央制定的关于全面依法治国的一系列政策文件以及习近平总书记关于全面依法治国的一系列重要论述，全面、系统地把握习近平法治思想的理论全貌，认真研读和领悟习近平法治思想中所包含的与法治相关的"十大关系"的论述。可以体现习近平法治思想的学术品格的"十大关系"重要论述，具体表现为以下几个方面：

一是党和法的关系。关于党和法的关系，习近平总书记非常明确地指出："党大还是法大"是一个伪命题。对各级党政组织、各级领导干部来说，权大还是法大则是一个真命题。习近平总书记上述论述是基于中国共产党作为执政党这一政治事实出发的，也就是说，在中国共产党执政的政治体制下，不存在所谓党大还是法大的问题，"社会主义法治必须坚持党的领导，党的领导必须依靠社会主义法治"。习近平总书记还进一步深入指出："党和法的关系是一个根本问题，处理得好，则法治兴、党兴、国家兴；处理得不好，则法治衰、党衰、国家衰。"上述论述表明，在党和法的关系上，必须要在中国特色社会主义制度的特定语境下来认识，而不能用西方多党制下的政党与国家法律的关系来牵强附会，这就从根本上明确了社会主义法治理论的正当性前提，澄清了党和法关系上的重大理论是非，突出了中国特色社会主义法治理论的重要特色。

二是政治和法治的关系。2015 年 2 月 2 日，习近平总书记在省部级主要领导干部学习贯彻党的十八届四中全会精神全面推进依法治国专题研讨班上的讲话中指出：法治当中有政治，没有脱离政治的法治。每一种法治形态背后都有一套政治理论，每一种法治模式当中都有一种政治逻辑，每一条法治道路底下都有一种政治立场。所以，针对少数人鼓吹的西方普世价值和西方法治理论和宪政观，习近平总书记义正词严地表明了中国共产党人的法治立场，即"我们是中国共产党执政，各民主党派参政，没有反对党，不是三权鼎立、多党轮流坐庄，我国法治体系要跟这个制度相配套"。由此可见，中国特色社会主义法治道路与中国特色社会主义政治道路是密不可分的，忽视了中国共产党作为执政党执政这一政治事实，试图用西方多党轮流执政的"政治、政党中立"的话语来解释中国特色社会主义法治道路的特征，理论上是错误的，行动上只能是徒劳的。

三是党的政策与国家法律的关系。我国是中国共产党执政的国家，我们党通过自己制定的政策来影响国家宪法法律，并通过在党政机构中的党员干部的模范带头作用来促进党的政策的有效落实，实现党对国家生活和社会生活的政治领导。因此，党的政策能否得到国家宪法法律的有效转化，能否在实际生活中得到有效落实，这是关系到执政党执政能力和执政地位的头等大事。习近平总书记在不同场合反复强调了党的政策得到有效落实的重要性。2017 年 2 月 13日，在省部级主要领导干部学习贯彻党的十八届六中全会精神专题研讨班上的讲话中，习近平总书记语重心长地指出："如果党中央没有权威，党的理论和路线方针政策可以随意不执行，大家各自为政、各行其是，想干什么就干什么，想不干什么就不干什么，党就会变成一盘散沙，就会成为自行其是的'私人俱乐部'，党的领导就会成为一句空话。"为此，习近平总书记强调："要正确处理党的政策和国家法律的关系。我们党的政策和国家法律都是人民根本意志的反映，在本质上是一致的。党的政策是国家法律的先导和指引，是立法的依据和执法司法的重要指导。要善于通过法定程序使党的主张成为国家意志、形成法律，通过法律保障党的政策有效实施，确保党发挥总揽全局、协调各方的领导核心作用。党的政策成为国家法律后，实施法律就是贯彻党的意志，依法办事就是执行党的政策。"习近平总书记上述讲话精神全面系统和辩证地阐述了党的政策和国家法律的关系，夯实了中国特色社会主义法治理论的基础性命题，突出了中国特色社会主义法治理论的中国特色和学术风采。

四是依法治国与依宪治国、依法执政与依宪执政的关系。党的十八大以来，以习近平同志为核心的党中央在全面推进依法治国的过程中高度重视宪法作为根本法在依法治国中的核心地位和作用。2012年12月4日，在首都各界纪念现行宪法公布施行30周年大会上的讲话中，习近平总书记明确提出"依法治国，首先是依宪治国；依法执政，关键是依宪执政"的重要理论命题。2014年9月5日，在庆祝全国人民代表大会成立60周年大会上的讲话中，习近平总书记又进一步强调："坚持依法治国首先要坚持依宪治国，坚持依法执政首先要坚持依宪执政。"2018年1月19日，习近平总书记在党的十九届二中全会上的讲话中又进一步指出：宪法同党和国家前途命运息息相关。时间越久远，事业越发展，我们就越加感受到宪法的力量。新时代中国特色社会主义发展，对我们党依宪治国、依宪执政提出了新的更高要求。要把党领导人民制定和实施宪法法律同党坚持在宪法法律范围内活动统一起来，要对宪法法律保持敬畏之心。为此，要继续完善以宪法为核心的中国特色社会主义法律体系，保证宪法确立的制度、原则和规则得到全面实施。

五是依法治国与依规治党的关系。依法治国和依规治党都是党的十八大以后以习近平同志为核心的党中央在全面推进依法治国过程中所抓的工作重点。依法治国是针对国家治理和社会治理而言的，对一切国家机关、社会组织和公民个人都具有约束力；依规治党是针对执政党的党组织和党员来说的，旨在加强管党治党的效率。把依法治国与依规治党有机统一起来，是习近平法治思想中最具中国特色的法理思想。习近平总书记强调指出：要完善党内法规制定体制机制，注重党内法规同国家法律的衔接和协调。党章等党规对党员的要求比法律要求更高，党员不仅要严格遵守法律法规，而且要严格遵守党章等法规，对自己提出更高要求。《全面推进依法治国的决定》也明确规定，依法执政，既要求党依据宪法法律治国理政，也要求党依据党内法规管党治党。因此，依法治国与依规治党最终统一于执政党的"依法执政"这一基本执政理念和执政方针，是习近平法治思想所深刻揭示的中国特色社会主义法治理论区别于西方法治理论的根本理论要点。

六是立法与改革以及法治与改革的关系。党的十八大以来，以习近平同志为核心的党中央高度重视处理立法与改革的关系，并以此来推动各项法治改革措施的出台和立法制度的完善。为了树立法治的权威，必须要用法治来规范改革。2014年2月28日在中央全面深化改革领导小组第二次会议上的讲话中，习近平总书记指出："在整个改革过程中，都要高度重视运用法治思维和法治方式，发挥法治的引领和推动作用，加强对相关立法工作的协调，确保在法治轨道上推进改革。"关于如何正确处理立法与改革的关系，习近平总书记强调科学立法是重要原则。他指出："科学立法是处理改革和法治关系的重要环节。要实现立法和改革决策相衔接，做到重大改革于法有据、立法主动适应改革发展需要。""当前，我们要着力处理好改革和法治的关系。改革和法治相辅相成、相伴而生。"正是因为正确地处理了法治与改革两者之间的辩证关系，才保证了党的十八大以来一方面改革开放事业在法治保障下不断深入深化，另一方面在改革开放的推动下，法治也在不断与时俱进，不断与改革要求相适应。

七是法律与道德的关系。正确地处理法律与道德的关系，充分发挥两者在治国理政中的合力作用，是体现习近平法治思想理论特色的重要理念。2016年12月9日，习近平总书记在主持十八届中央政治局第三十七次集体学习时的讲话中对法律与道德的关系作了全面和系统的概括与总结，提出了很多经典性的法理判断和命题。习近平总书记指出："法律是准绳，任何时候都必须遵循；道德是基石，任何时候都不可忽视。""法律有效实施有赖于道德支持，道德践行也离不开法律约束。法治和德治不可分离、不可偏废，国家治理需要法律和道德协同发力。"因此，中国特色社会主义法治道路的一个鲜明特点，就是坚持依法治国和以德治国相结合，强调法治和德治两手抓、两手都要硬。这既是历史经验的总结，也是对治国理政规律的深刻把握。"法安天下，德润人心。"法治和德治并举的国家治理和社会治理理念是习近平法治思想区别于古今中外形形色色法治理论和学说的最具有代表性的重大理论观点，是体现中国特色社会主义法治道路的"中国特色"的重大理论判断和重要理论命题。

八是国内法治与涉外法治的关系。2019年10月31日党的十九届四中全会通过的《中共中央关于坚持和完善中国特色社会主义制度、推进国家治理体系和治理能力现代化若干重大问题的决定》明确提出"加强涉外法治工作"。这是涉外法治概念的最早提出，表明其不仅仅是一个政策指引性的概念，还与具体的"工作"紧密结合在一起，是法治建设一个实实在在的领域。但我国法学界并没有对涉外法治的"工作领域"作出过全面和系统的界定。习近平总书记在中央全面依法治国工作会议上强调："要坚持统筹推进国内法治和涉外法治。要加快涉外法治工作战略布局，协调推进国内治理和国际治理，更好维护国家主权、安全、发展利益。要强化法治思维，运用法治方式，有效应对挑战、防范风险，综合利用立法、执法、司法等手段开展斗争，坚决维护国家主权、尊严和核心利益。"上述讲话精神集中体现了习近平法治思想的理论特质，即运用马克思主义立场、观点和方法，从新时代中国特色社会主义法治建设的实际出发，提出了统筹国内法治与涉外法治两个法治大局，对涉外法治工作作出了明确的战略部署，为在涉外关系和国际交往中坚持独立自主的和平外交政策与维护国家主权和安全利益指明了行动的方向。

九是全面依法治国与"四个全面"的关系。党的十八大以来，以习近平同志为核心的党中央在全面推进依法治国的过程中，始终如一把全面依法治国放在整个国家的发展大局中来考察，并提出了"四个全面"的战略布局。习近平总书记指出："从这个战略布局看，做好全面依法治国各项工作意义十分重大。没有全面依法治国，我们就治不好国、理不好政，我们的战略布局就会落空。要把全面依法治国放在'四个全面'的战略布局中来把握，深刻认识全面依法治国同其他三个'全面'的关系，努力做到'四个全面'相辅相成、相互促进、相得益彰。"从习近平总书记关于"四个全面"相互之间辩证关系的论述来看，习近平法治思想的一个最显著的特点就是关注从国家宏观战略的角度来设计法治建设的发展蓝图和规划，注重把法治与国家治理体系和治理能力现代化有机

三、《全面推进依法治国的决定》确立了全面推进依法治国和法治中国建设的基本原则

如何实现全面推进依法治国的总目标，即建设中国特色社会主义法治体系和建设社会主义法治国家，这是决定起草组在最初就已经明确的重要问题。决定起草组始终认为，必须坚持一些最基本的原则来推进依法治国。否则，就会偏离社会主义法治建设的正确轨道。为此，《全面推进依法治国的决定》确定了五项基本原则。

一是坚持中国共产党的领导原则。党的领导是中国特色社会主义最本质的特征，是社会主义法治最根本的保证。把党的领导贯彻到依法治国全过程和各方面，是我国社会主义法治建设的一条基本经验。我国宪法确立了中国共产党的领导地位。坚持党的领导，是社会主义法治的根本要求，是党和国家的根本所在、命脉所在，是全国各族人民的利益所系、幸福所系，是全面推进依法治国的题中应有之义。党的领导和社会主义法治是一致的，社会主义法治必须坚持党的领导，党的领导必须依靠社会主义法治。只有在党的领导下依法治国、厉行法治，人民当家作主才能充分实现，国家和社会生活法治化才能有序推进。依法执政，既要求党依据宪法法律治国理政，也要求党依据党内法规管党治党。必须坚持党领导立法、保证执法、支持司法、带头守法，把依法治国基本方略同依法执政基本方式统一起来，把党总揽全局、协调各方同人大、政府、政协、审判机关、检察机关依法依章程履行职能、开展工作统一起来，把党领导人民制定和实施宪法法律同党坚持在宪法法律范围内活动统一起来，善于使党的主张通过法定程序成为国家意志，善于使党组织推荐的人选通过法定程序成为国家政权机关的领导人员，善于通过国家政权机关实施党对国家和社会的领导，善于运用民主集中制原则维护中央权威、维护全党全国团结统一。

二是坚持人民主体地位原则。人民是依法治国的主体和力量源泉，人民代表大会制度是保证人民当家作主的根本政治制度。必须坚持法治建设为了人民、依靠人民、造福人民、保护人民，以保障人民根本权益为出发点和落脚点，保证人民依法享有广泛的权利和自由、承担应尽的义务，维护社会公平正义，促进共同富裕。必须保证人民在党的领导下，依照法律规定，通过各种途径和形式管理国家事务，管理经济文化事业，管理社会事务。必须使人民认识到法律

既是保障自身权利的有力武器，也是必须遵守的行为规范，增强全社会学法尊法守法用法意识，使法律为人民所掌握、所遵守、所运用。

三是坚持法律面前人人平等原则。平等是社会主义法律的基本属性。任何组织和个人都必须尊重宪法法律权威，都必须在宪法法律范围内活动，都必须依照宪法法律行使权力或权利、履行职责或义务，都不得有超越宪法法律的特权。必须维护国家法制统一、尊严、权威，切实保证宪法法律有效实施，绝不允许任何人以任何借口任何形式以言代法、以权压法、徇私枉法。必须以规范和约束公权力为重点，加大监督力度，做到有权必有责、用权受监督、违法必追究，坚决纠正有法不依、执法不严、违法不究行为。

四是坚持依法治国和以德治国相结合原则。国家和社会治理需要法律和道德共同发挥作用。必须坚持一手抓法治、一手抓德治，大力弘扬社会主义核心价值观，弘扬中华传统美德，培育社会公德、职业道德、家庭美德、个人品德，既重视发挥法律的规范作用，又重视发挥道德的教化作用，以法治体现道德理念、强化法律对道德建设的促进作用，以道德滋养法治精神、强化道德对法治文化的支撑作用，实现法律和道德相辅相成、法治和德治相得益彰。

五是坚持从中国实际出发原则。中国特色社会主义道路、理论体系、制度是全面推进依法治国的根本遵循。必须从我国基本国情出发，同改革开放不断深化相适应，总结和运用党领导人民实行法治的成功经验，围绕社会主义法治建设重大理论和实践问题，推进法治理论创新，发展符合中国实际、具有中国特色、体现社会发展规律的社会主义法治理论，为依法治国提供理论指导和学理支撑。汲取中华法律文化精华，借鉴国外法治有益经验，但决不照搬外国法治理念和模式。

全面推进依法治国是一个系统工程，是国家治理领域一场广泛而深刻的革命，需要付出长期艰苦努力。全党同志必须更加自觉地坚持依法治国、更加扎实地推进依法治国，努力实现国家各项工作法治化，向着建设法治中国不断前进。

总之，结合党的十八届三中全会决定与十八届四中全会决定，法治中国建设的指导思想、总目标和基本原则，在中国特色社会主义法治理论的框架内，通过全面推进依法治国的各项政策要求得到了具体和明确的体现，成为推动中国特色社会主义法治建设不断走向成熟的理论依据和行动指南。

第二节 法治中国建设的基本任务

党的十九大报告再次明确将建设中国特色社会主义法治体系、建设社会主义法治国家作为全面推进依法治国的总目标，并提出了两个重要时间段：第一个阶段，从 2020 年到 2035 年，在全面建成小康社会的基础上，再奋斗十五年，基本实现社会主义现代化。到那时，人民平等参与、平等发展权利得到充分保障，法治国家、法治政府、法治社会基本建成，各方面制度更加完善，国家治理体系和治理能力现代化基本实现。第二个阶段，从 2035 年到本世纪中叶，在基本实现现代化的基础上，再奋斗十五年，把我国建成富强民主文明和谐美丽的社会主义现代化强国。根据这个安排，全面依法治国的两个重要时间段的重心主要集中在第一阶段，即到 2035 年，法治国家、法治政府、法治社会基本建成，到 2050 年在法治方面的目标应当是实现全面建成法治中国。第一个阶段夯实基础，第二个阶段全面提质增效。

2019 年 10 月 31 日，党的十九届四中全会审议通过的《中共中央关于坚持和完善中国特色社会主义制度、推进国家治理体系和治理能力现代化若干重大问题的决定》提出坚持和完善中国特色社会主义法治体系，提高党依法治国、依法执政能力，并从健全保证宪法全面实施的体制机制、完善立法体制机制、健全社会公平正义法治保障制度、加强对法律实施的监督四个方面，为建设中国特色社会主义法治体系擘画了行动路线。

2020 年 10 月 26 日至 29 日召开的党的十九届五中全会，通过了《中共中央关于制定国民经济和社会发展第十四个五年规划和二〇三五年远景目标的建议》，其中分别对全面依法治国在不同阶段应达到的状态和发展目标作了相应部署，使其与整个国民经济和社会发展规划相匹配。该建议中共有 58 处提到与法治相关的内容，明确了 2035 年法治建设发展的远景目标，即基本建成法治国家、法治政府、法治社会。

2021 年 1 月，中共中央印发的《法治中国建设规划（2020—2025 年）》结合该建议中关于"十四五"时期全面依法治国有关部署要求，以建设中国特色社会主义法治体系为主线，全面系统地规划了"十四五"时期全面依法治国应当达到的具体发展目标，以努力实现 2035 年基本建成法治国家、法治政府和法治社会的战略目标。具体来说，建设中国特色社会主义法治体系、建设社会主义法治国家，全面推进法治中国建设应当重点落实以下几个方面的基本任务：

扫码看解读

新时代推进全面依法治国的纲领性文件——中央依法治国办负责同志就《法治中国建设规划（2020－2025 年）》答记者问

一是全面贯彻实施宪法，坚定维护宪法尊严和权威。要加强宪法实施和监督工作，并将其纳入全国人大常委会年度工作报告，以此形成对宪法实施和监督的有效制度约束和激励。推进合宪性审查工作，健全合宪性审查制度，明确合宪性审查的原则、内容、程序。法律法规、重要政策和重大举措，凡涉及宪法有关规定如何理解、实施、适用的，都应当依照有关规定提请全国人大常委会进行合宪性审查。加强宪法解释工作，及时回应人民群众对宪法的关切。建设国家宪法宣传教育馆，推动形成中国特色社会主义宪法理论及宪法话语体系。

二是建设完备的法律规范体系，以良法促进发展、保障善治。要坚持党对立法工作的领导。党中央领导全国立法工作、研究决定国家立法中的重大问题。要充分发挥人大常委会组成人员在立法中的作用，逐步提高人大常委会专职委员特别是有法治实践经验的专职委员比例。要注重发挥政府在立法工作中的重要作用，加强政府部门间立法协调。要加强重点领域、新兴领域、涉外领域立法，加强同民法典相配套和相关联的法律制度建设。要建设全国统一的法律法规规章、规范性文件和司法解释、党内法规信息发布和运行平台。

三是建设高效的法治实施体系，深入推进严格执法、公正司法、全民守法。要全面推进权力清单制度并实行动态管理。建立重大行政决策跟踪反馈和评估制度。全面推行行政执法公示制度、执法全过程记录制度以及重大执法决定法制审核制度，继续探索实行跨领域跨部门综合执法，健全行政执法和刑事司法衔接机制。持续营造法治化营商环境，普遍落实"非禁即入"。深化司法体制综合配套改革，完善知识产权、金融、海事等专门法院建设，加强和完善指导性案例制度，确保法律适用统一。加快立案诉讼服务改革，实行有效的诉源治理。推动"以案说法"活动走深走实，提高全民普法工作的效率。

四是建设严密的法治监督体系，切实加强对立法、执法、司法工作的监督。要健全政治督察、综治督导、执法监督、纪律作风督查巡查等制度机制。建立健全备案审查联动工作机制和工作报告制度，加强对司法解释的备案监督。落实行政执法责任制和责任追究制度，加大对行政违法行为的纠错力度，提升行政复议工作的效率。加强司法制约和监督制度机制，完善刑事立案监督和侦查监督工作机制，建立重大案件侦查终结前对讯问合法性进行核查制度，严格落实司法机关内部监督机制，完善司法人员惩戒机制。

五是建设有力的法治保障体系，筑牢法治中国建设的坚实后盾。必须坚持党领导立法、保证执法、支持司法、带头守法，中央和省级党政部门要明确负责本部门法治工作的机构，保障推进法治中国建设。要加强队伍和人才保障，建设一支革命化、正规化、专业化、职业化的法治专门队伍，建立健全立法、执法、司法部门干部和人才常态化交流机制，加大法治专门队伍与其他部门具备条件的干部和人才交流力度。要坚持和加强党对律师工作的领导，推动律师行业党的建设。要加强法学专业教师队伍建设，建立健全法学教育、法学研究工作者和法治实践工作者之间双向交流机制。要大力推进全国法治化、信息化建设，全面建设"智慧法治"。

六是建设完善的党内法规体系，坚定不移推进依规治党。要进一步做好党内法规的制定、修订和解释工作，注重党内法规与国家法律法规衔接和协调。落实党内法规执行责任制，加强党内法规学习教育，把重要党内法规列入党委（党组）理论学习中心组学习的重要内容。重点建设一批党内法规研究高端智库和研究教育基地，加强党内法规学科建设。

此外，要紧紧围绕新时代党和国家工作大局，依法维护国家主权、安全和发展利益，统筹推进国内法治与涉外法治，不断提高涉外工作法治化水平。

《法治中国建设规划（2020—2025年）》的出台开启了法治中国建设新篇

章。在现阶段，建设法治中国必须坚持以习近平法治思想为指导，不断加强党的领导，注重发挥国家机关、社会组织和公民个人参与法治中国建设的主动性、积极性，坚持依法治国、依法执政、依法行政共同推进，法治国家、法治政府、法治社会一体建设，在"十四五"规划实施结束时，初步形成中国特色社会主义法治体系，为实现到 2035 年基本建成法治国家、法治政府、法治社会的奋斗目标打下坚实基础。

 思考题

1. 全面推进依法治国的总目标是什么？
2. 法治中国建设的主要原则有哪些？
3. 如何运用习近平法治思想解决法治中国建设中的重大问题？

本章扫码答题

第三章
全面依法治国必须坚持和加强党的领导

与古今中外形形色色的法治理论和学说相比，作为马克思主义法治理论中国化的最新理论成果，习近平法治思想表现出鲜明的党性，即始终把党的领导作为全面依法治国的理论前提和行动指引，深刻地反映了中国共产党作为执政党长期执政的执政特点和执政规律，为人类法治文明贡献了中国方案，体现了中国智慧。

第一节 党的领导是中国特色社会主义法治之魂

2014年10月20日，习近平同志在党的十八届四中全会上所作的《说明》中指出：党的领导是中国特色社会主义最本质的特征，是社会主义法治最根本的保证。把党的领导视为中国特色社会主义法治之魂，这是习近平法治思想作为马克思主义法治理论中国化最新成果的最核心的法治理念和运律命题，是中国特色社会主义法治建设实践的重要指导思想。2018年8月24日，习近平总书记在中央全面依法治国委员会第一次会议上的讲话强调：关于党的领导和法治关系问题，推进党的领导制度化、法治化，既是加强党的领导的应有之义，也是法治建设的重要任务。要继续推进党的领导制度化、法治化，不断完善党的领导体制和工作机制，把党的领导贯彻到全面依法治国全过程和各方面。由此可见，正确处理党的领导与中国特色社会主义法治之间的辩证关系，是全面推进依法治国的理论基础和制度前提。

正如马克思、恩格斯在《共产党宣言》中所公开表明的立场那样："共产党人不屑于隐瞒自己的观点和意图。"中国特色社会主义法治理论丝毫不掩盖自身鲜明的政治立场，把坚持中国共产党的领导作为国家制度和法律制度赖以存在的制度基础。宪法是国家的根本法，是治国安邦的总章程，是党和人民意志的集中体现。党的十八大以来，习近平总书记多次强调，坚持依法治国首先要坚持依宪治国，坚持依法执政首先要坚持依宪执政。宪法修改，是党和国家政治生活中的一件大事，是以习近平同志为核心的党中央从新时代坚持和发展中国特色社会主义全局和战略高度作出的重大决策，是推进全面依法治国、推进国家治理体系和治理能力现代化的重大举措。2018 年宪法修正案在宪法第 1 条第 2 款"社会主义制度是中华人民共和国的根本制度。"后增写一句，内容为："中国共产党领导是中国特色社会主义最本质的特征。"主要考虑是：中国共产党是执政党，是国家的最高政治领导力量。中国共产党领导是中国特色社会主义最本质的特征，是中国特色社会主义制度的最大优势。宪法从社会主义制度的本质属性角度对坚持和加强党的全面领导进行规定，有利于在全体人民中强化党的领导意识，有效把党的领导落实到国家工作全过程和各方面，确保党和国家事业始终沿着正确方向前进。把"中国共产党领导是中国特色社会主义最本质的特征"写入宪法，是中国特色社会主义法治理论研究的重大成果，也是习近平法治思想鲜明党性的重要制度体现。

中国共产党领导是中国特色社会主义最本质的特征，这是综合历史与现实、国际与国内、实然与应然等不同方面的因素作出的科学结论，是执政党依法执政的正当性基础，是中华民族实现伟大复兴中国梦的政治保障，是人类社会实现共产主义理想最有效的实践经验，是构建人类命运共同体的牢靠依托。

中国共产党自从登上了历史舞台，就将国家解放、民族独立和人民幸福作为党的奋斗目标。在党的旗帜下凝聚了全体中国人民的意志，推翻了"三座大山"，建立了新中国。新中国成立以来，在党的领导下，顺利完成了新民主主义革命和社会主义改造的任务，建立了社会主义制度，并且不断壮大、欣欣向荣。总结共产主义理想和社会主义实践在中国大地上的产生、存在、发展和壮大的历史，归根到底有一条根本经验，就是中国特色社会主义是中国共产党一手创建和缔造的，并且结合中国的具体国

扫码学讲话

在庆祝中国共产党成立
100周年大会上的讲话

情，赋予了中国特色社会主义特定的价值内涵。没有中国共产党，就没有中国特色社会主义；只有中国共产党，才能领导中国特色社会主义建设；离开了中国共产党的领导，就不可能有中国特色社会主义。这是中国革命、建设和改革得出的历史发展的客观结论。

把"中国共产党领导是中国特色社会主义最本质的特征"写入宪法，有助于构建全面、系统、科学规范的宪法上确认的社会主义制度的内涵，为制定一切法律法规规章提供科学的、权威的立法依据，为国家制度和社会制度的不断健全和完善提供明确的宪法解释原则和方法，为推进宪法法律实施提供具体的组织路线和行动纲领。

作为习近平法治思想最核心的理论和实践命题，"中国共产党领导是中国特色社会主义最本质的特征"写入宪法，完善了我国宪法所规定的政治制度的层次结构，形成了由作为核心政治制度的党的领导制度、根本政治制度的人民代表大会制度以及中国共产党领导的多党合作和政治协商制度、民族区域自治制度和基层群众自治制度等基本政治制度构成的政治制度体系。核心、根本和基本"三位一体"的政治制度结构充分体现了中国特色社会主义民主政治的人民性，丰富了宪法的政治基础和内涵，提升了宪法的政治保障功能，维护了宪法的权威。与此同时，"中国共产党领导是中国特色社会主义最本质的特征"写入宪法正文，弥补了宪法序言中仅仅作为四项基本原则的形态存在的"坚持党的领导"要求规范性的不足，可以把党的领导渗透到具体的法律规范设计中，成为立法、行政、司法、法律监督、守法等各项法治工作的具体行为组成部分，真正解决以往在法学理论研究中的"原则归原则、规范归规范"，将党的领导

虚置在国家宪法和法律制度运行机制之外的"两张皮"现象，极大地压缩了随意采用西方宪政和法治理论断章取义地解释中国现行法律文本内涵的空间，推动宪法和法律实施过程中党的领导方式和机制的构建和制度化。因此，党的领导作为中国特色社会主义法学理论的原则和规范，一方面保证了我国法学的理论研究的问题点和思考路径清晰化，通过党的领导在宪法和法律制度中的承上启下的承接作用来打通宪法和法律制度运行的所有环节，彻底清除宪法和法律实施中的一切瓶颈和障碍；另一方面又可以让宪法和法律文本真正有效走进现实的政治生活，解决中国特色社会主义民主政治实践中存在的具体问题，提供具有实效的宪法和法律原则以及宪法和法律规范的行为指引。

第二节　坚持党领导立法、保证执法、支持司法、带头守法

　　2013年2月23日，习近平总书记在主持十八届中央政治局第四次集体学习时的讲话中明确指出："我们党是执政党，能不能坚持依法执政，能不能正确领导立法、带头守法、保证执法，对全面推进依法治国具有重大作用。"作为全面和系统体现习近平法治思想的重要政策文件，《全面推进依法治国的决定》在论述党的领导作为全面推进依法治国重要法律原则的时候对党领导全面推进依法治国的具体方式作了全面系统的规定。《全面推进依法治国的决定》指出：必须坚持党领导立法、保证执法、支持司法、带头守法，把依法治国基本方略同依法执政基本方式统一起来，把党总揽全局、协调各方同人大、政府、政协、审判机关、检察机关依法依章程履行职能、开展工作统一起来，把党领导人民制定和实施宪法法律同党坚持在宪法法律范围内活动统一起来，善于使党的主张通过法定程序成为国家意志，善于使党组织推荐的人选通过法定程序成为国家政权机关的领导人员，善于通过国家政权机关实施党对国家和社会的领导，善于运用民主集中制原则维护中央权威、维护全党全国团结统一。具体来说，党对全面依法治国工作的具体领导方式包括以下几个方面：

一、党要领导立法

我们党作为执政党，在对国家生活和社会生活实行领导的过程中发挥领导作用的性质和基本方式首先是政治领导。党对立法工作的领导的基本性质也属于政治领导，而不是代替国家立法机关直接行使国家立法权。党对立法的领导表现为党通过政策转化为法律的机制及时和有效地把党的路线、方针和政策通过国家法律法规的形式肯定下来，成为全社会一体遵循的行为准则。在加强党对立法工作的领导过程中，由党中央向全国人大常委会提出立法建议，全国人大常委会党组定期向党中央报告国家立法工作的情况，重大的立法项目最终通过之前由全国人大常委会党组向党中央提出报告，地方党委对有地方立法权的地方人大的立法工作进行政治领导，充分发挥党员人大代表在立法工作中的积极推动作用等，都是经过实践证明行之有效的党领导立法的具体方式。

2016 年 2 月中共中央印发的《关于加强党领导立法工作的意见》指出，党通过确定立法工作方针、提出立法建议、明确立法工作中的重大问题、加强立法队伍建设等，确保立法工作充分体现党的主张、反映人民意志，实现"坚持主要实行政治领导"。党对立法的领导，不是大包大揽，而是宏观指导，但也绝不是空泛的。

无数事实说明，党的领导是充分发挥人大在立法工作中主导作用的根本保证，人大主导是落实党对立法工作领导的主要途径，两者相辅相成，缺一不可。

二、党要保证执法

党对全面依法治国的领导，是对法治环节的全过程领导，对于执法环节，党的领导方式集中体现在保证执法。保证执法的性质是以法治方式来保证执法，而不是以政治方式来干预或强迫执法活动无条件服从。党通过政治领导、思想领导、组织领导，以及党的各级政法委机构的工作，领导、监督和促进严格执法。

党与执法之间存在着保证关系，党保证执法的基本方式只能是法治方式。党保证执法的推进主要通过强化执法理念、信持执法原则、锤炼执法主体、纯净执法作风、维护执法权威、健全执法机制、完善执法监督等法治方式来展开，实现顶层设计、上下联动、整体推进。

单就行政执法而言，党与行政执法之间存在着紧密的保证与被保证关系，这种关系的外部特征是通过党的保证执法活动来让行政相对人确信执法行为的可信赖性，从而确保行政行为的信赖原则有效地发挥作用。这种保证与被保证关系的主要内涵在于：一是党的各级组织支持国家机关依法行使职权，不干涉行政事务的处理；二是如果国家机关不能依法行使职权，党组织（各级党委、党组）要加以督促并纠正违法行政行为。

我国的国体和政体决定了党在政治生活中的特殊地位，党保证执法还可以通过党监督执法的方式来促进执法活动的合法合规，监督是预防也是保证。党监督行政权的方式大致有两个途径：一是通过人大监督行政权的行使。基于党对行政机关的间接领导关系，党监督行政权的行使是通过人民代表大会实施对政府的监督实现的。二是通过管理干部监督行政权的行使。通过完善和创新干部管理制度，党政干部严格执行党的组织原则和实施法律，保证行政权的依法行使。要保证我国的党政体制有效运行，其关键还是坚持党管干部的原则，党组织向人大推荐优秀人才和骨干，通过人大行使人事任免权，使党推荐的人选担任政府部门的重要领导职务，并通过他们贯彻人大的决定和决议，从而实施党的路线方针政策，实现党的统一领导，将党的意志、人民的意志和法律的意志有机统一起来。

党保证执法还可以通过党的领导方式来实现，主要包括：一是各级党委、党组通过常委会会议等形式来落实国家宪法法律的具体实施机构、人员和机制，动员各种力量保证宪法法律在本行政区域内或本部门、本单位内得到有效实施；二是政府党组对执法活动进行统一部署，制定计划和规划，落实执法主体和程序，保证执法活动依法合规；三是党委政法委通过对政法单位在实施法律法规中出现的疑难事务的协调以及对政法单位干部队伍的培育，为全面推进依法治国提供良好的制度环境。

三、党要支持司法

在以往的司法实践中，个别党政领导以"党的领导"的名义对具体案件"递条子""打招呼"，说到底还是想要司法服从这些领导干部的个人意志，或者说维护特定人员和小团体的权威和利益。这就在事实上形成了一种腐败源，对党的领导有百害而无一利。中共中央办公厅、国务院办公厅于 2015 年 3 月 30

日印发的《领导干部干预司法活动、插手具体案件处理的记录、通报和责任追究规定》明确将"领导干部"界定为"各级党的机关、人大机关、行政机关、政协机关、审判机关、检察机关、军事机关以及公司、企业、事业单位、社会团体中具有国家工作人员身份的领导干部"。（编者注：2018 年 3 月 11 日现行宪法第五次修正时，国家机构增加了"监察机关"。）

防止干预司法"三个规定"

党的各级组织和领导干部必须在宪法法律范围内活动，党对司法机关的领导，主要是政治、思想和组织领导，决不能以党委决定改变、代替司法裁判，更不能包办、代替司法机关对具体案件作出处理。因此，严格依法办案不但不与党的领导相冲突，反而更有利于把党的领导在司法领域落到实处。

随着我国社会的发展和司法责任制改革的持续推进，司法职业自身的逻辑正在形成并日益制度化，必须以适应司法专业特点的方式维护和坚持党的领导，这是党领导司法的关键。党支持司法的实现方式具体为通过权力机关间接切入，发挥司法机关党组的作用和改进工作机制。领导不等于干涉，党对司法的领导应定位于对司法方针政策、组织人事和廉政监督的领导。实践中，党的政策具有宏观性、指导性和大局性，而法律是将党的政策微观化、具体化和规范化的行为准则。党对司法的领导应从以下方面切入：通过立法机关把党的意志依法变为法律；通过权力机关向司法机关推荐优秀法律人才；通过司法机关的党组织充分发挥党员的模范带头作用；通过法定程序对司法机关的活动进行监督。

党支持司法是党在处理与司法权关系时的最新和最科学的工作方法，其科学性就在于是在落实宪法中保证人民法院依法独立行使审判权、人民检察院依法独立行使检察权的原则。"党支持司法"通过具体的"支持"行为来落实。各级党委政法委对公检法在办案中需要协调解决的问题，通过协调相关机构，拿出最终切实有效的解决方案，解开公检法各自在履职活动中遇到的"死扣"，从而有效贯彻司法公正的各项要求。党委政法委在协调办案中关系的主导作用，充分体现了党对司法工作的支持，而不是干涉。没有这样的有效支持，司法公正就会大打折扣。党支持司法是司法公正价值得以有效实现的制度保证。

四、党要带头守法

党的十八大以来，在全面推进依法治国各项法治工作的过程中，党要带头守法是被着重强调的最重要的行动纲领，也成为习近平法治思想中最核心的法治命题和政策主张。习近平总书记在2012年12月4日首都各界纪念现行宪法公布施行30周年大会上的讲话中反复强调了加强全民宪法教育的重要性，他指出："我们要在全社会加强宪法宣传教育，提高全体人民特别是各级领导干部和国家机关工作人员的宪法意识和法制观念，弘扬社会主义法治精神，努力培育社会主义法治文化，让宪法家喻户晓，在全社会形成学法尊法守法用法的良好氛围。""我们要把宪法教育作为党员干部教育的重要内容，使各级领导干部和国家机关工作人员掌握宪法的基本知识，树立忠于宪法、遵守宪法、维护宪法的自觉意识。"

为了让党组织和党员干部带头守法，党的十八届六中全会审议通过的《关于新形势下党内政治生活的若干准则》明确规定："党的各级组织和领导干部必须在宪法法律范围内活动，增强法治意识、弘扬法治精神，自觉按法定权限、规则、程序办事，决不能以言代法、以权压法、徇私枉法，决不能违规干预司法。"

习近平总书记在关于全面依法治国的一系列重要论述中还对党如何带头守法作了具体明确的要求，即"各级领导干部要带头依法办事，带头遵守法律，始终对宪法法律怀有敬畏之心，牢固确立法律红线不能触碰、法律底线不能逾越的观念"。自1994年12月中央政治局恢复学习法制讲座以来，几十位法学家走进中南海主讲了法制讲座。党和国家领导人带头学法，极大地鼓舞和带动了全社会成员学法的热潮。

2015年2月2日，习近平总书记在省部级主要领导干部学习贯彻十八届四中全会精神全面推进依法治国专题研讨班上的讲话中语重心长地指出："各级领导干部在推进依法治国方面肩负着重要责任，全面依法治国必须抓住领导干部这个'关键少数'。领导干部要做尊法学法守法用法的模范，带动全党全国一起努力，在建设中国特色社会主义法治体系、建设社会主义法治国家上不断见到新成效。"习近平总书记在讲话中还强调："各级领导干部的信念、决心、行动，对全面推进依法治国具有十分重要的意义。领导干部要做尊法的模范，带头尊崇法治、敬畏法律；做学法的模范，带头了解法律、掌握法律；做守法的模范，带头遵纪守法、捍卫法治；做用法的模范，带头厉行法治、依法办事。"习近平总书记在强调领导干部作为"关键少数"应当带头守法的同时，还进一步指出："领导干部要把对法治的尊崇、对法律的敬畏转化成思维方式和行为方式，做到在法治之下、而不是法治之外、更不是法治之上想问题、作决策、办事情。党纪国法不能成为'橡皮泥''稻草人'，违纪违法都要受到追究。"为敦促领导干部带头守法，习近平总书记还特别强调了要依靠一些重要的制度来监督和保证作为"关键少数"的领导干部自觉尊法守法。习近平总书记强调："党政主要负责人要履行推进法治建设第一责任人职责，统筹推进科学立法、严格执法、公正司法、全民守法。用人导向最重要、最根本、也最管用。法治素养是干部德才的重要内容。要把能不能遵守法律、依法办事作为考察干部重要内容。要抓紧对领导干部推进法治建设实绩的考核制度进行设计，对考核结果运用作出规定。"

由此可见，只有各级党组织和党员干部，特别是作为"关键少数"的党员领导干部带头守法，宪法法律的权威才能得到应有的尊重，全面推进依法治国各项工作也才能在健康有序的法治轨道上得到全面和有效的推进。

第三节　把党的领导贯彻到全面依法治国全过程各方面

我国是社会主义国家，中国共产党是执政党。党的执政方式是依法执政，党领导人民制定宪法法律，党在宪法法律范围内活动。作为执政党，党通过宪法法律治理国家，并把法治作为治国理政的基本方式，这是中国特色社会主义政治制度的内在逻辑。任何组织和任何个人如果不承认中国共产党的执政地位，

扫码学讲话

毫不动摇坚持和加强
党的全面领导

不承认党对全面推进依法治国的领导作用，都是缺少实践基础的，与中国特色社会主义政治实践的事实状态背道而驰。坚持党对全面推进依法治国的领导，并把党的领导贯彻到全面推进依法治国全过程，这正是习近平法治思想内在实践逻辑的核心理念。正是在正确处理党的领导与依法治国之间相互辩证关系的基础上，习近平法治思想才在新时代中国特色社会主义的伟大实践中站稳立场、生根发芽，成为全面依法治国的根本遵循和行动指南。

依法治国作为基本方略首次出现在党的十五大报告中。根据十五大报告对党的领导与依法治国相互关系的论述，依法治国的性质可以作以下几个角度的描述：一是依法治国是人民群众在党的领导下进行的，依法治国的主体既是人民群众，又包括执政党；二是依法治国是作为党领导人民治理国家的基本方略被提出来的，与治国理政的大政方针密切相关；三是依法治国作为治国理政的基本方略被提出，并不是就法治论法治，而是要将党的领导、发扬人民民主和严格依法办事统一起来，依法治国的内涵本身就包含了党的领导的要求，体现了党的领导的特点。由此可见，依法治国从在党的十五大报告中首次被提出，就一刻也没有离开党的领导，依法治国是与党的领导共生共存的，你中有我，我中有你，不可随意将二者加以对立或任意加以割裂。

在党的十六大报告中，关于党的领导与依法治国两者相互关系的表述又有了进一步发展。相比党的十五大报告而言，主要有以下几个方面的特征：

一是第一次明确提出了党的领导、人民当家作主与依法治国有机统一的社会主义民主政治基本原则。十六大报告指出："发展社会主义民主政治，最根本的是要把坚持党的领导、人民当家作主和依法治国有机统一起来。党的领导是人民当家作主和依法治国的根本保证，人民当家作主是社会主义民主政治的本质要求，依法治国是党领导人民治理国家的基本方略。"从上述论述中，可以发现，党的领导与依法治国之间的相互关系被放在"三者有机统一"的更加宽广的语境中来加以阐释：一方面，党的领导、依法治国与人民当家作主都被置于社会主义民主政治的框架中，属于社会主义民主政治的三项重要内容；另一方面，由于在党的领导与依法治国之间加入了人民当家作主这个关系变量，党的领导与依法治国相互之间关系的内涵显得更加丰富和充实，党的领导被作为依法治国的必要条件加以肯定，也就是说，党的领导是依法治国的根本保证，没有党的领导，依法治国也就失去了牢固的正当性基础。

二是"三者有机统一"第一次与"依法执政"产生了紧密的逻辑关联，在党的领导、依法治国与依法执政之间形成了手段与目的的逻辑关系。十六大报告指出，各级党委和领导干部"必须增强法制观念，善于把坚持党的领导、人民当家作主和依法治国统一起来，不断提高依法执政的能力"。可见，"三者有机统一"可以视为"依法执政"的外在表现形式，"三者有机统一"的统一状况和程度如何直接反映了依法执政的能力，与此同时，"三者有机统一"也可以促进依法执政。

三是依法治国在党的领导下，除了必须妥善处理与人民当家作主之间的辩证关系外，十六大报告又增加了一个新的关系变量，即依法治国与以德治国之间的关系必须认真加以对待。十六大报告明确提出"坚持物质文明和精神文明两手抓，实行依法治国和以德治国相结合"，并且要求"依法治国和以德治国相辅相成"。而以德治国中也包含了党的领导的内涵，也就是说，以德治国中的"德"也不能脱离党的领导。十六大报告指出："深入进行党的基本理论、基本路线、基本纲领和'三个代表'重要思想的宣传教育，引导人们树立中国特色社会主义共同理想，树立正确的世界观、人生观和价值观。认真贯彻公民道德建设实施纲要，弘扬爱国主义精神，以为人民服务为核心、以集体主义为原则、以诚实守信为重点，加强社会公德、职业道德和家庭美德教育，特别要加强青少年的思想道德建设，引导人们在遵守基本行为准则的基础上，追求更高的思想道德目标。"

党的十七大报告突出了依法治国的地位，将依法治国上升到基本方略的高度。十七大报告将依法治国基本方略表述为以下几个方面的要求：（1）坚持依法治国基本方略，树立社会主义法治理念，实现国家各项工作法治化，保障公民合法权益；（2）全面落实依法治国基本方略，加快建设社会主义法治国家；（3）中国特色社会主义法律体系基本形成，依法治国基本方略切实贯彻，行政管理体制、司法体制改革不断深化；（4）社会主义民主政治不断发展、依法治国基本方略扎实贯彻；（5）依法治国基本方略深入落实，全社会法制观念进一步增强，法治政府建设取得新成效。

党的十八大报告第一次在党的文件中提出了全面推进依法治国的要求。十八大报告指出："全面推进依法治国。法治是治国理政的基本方式。要推进科学立法、严格执法、公正司法、全民守法，坚持法律面前人人平等，保证有法必依、执法必严、违法必究。"对于十七大报告将依法治国确定为基本方略的大政方针，十八大报告作了充分肯定，强调必须坚持把依法治国作为基本方略。十八大报告指出："坚持依法治国这个党领导人民治理国家的基本方略"，"依法治国基本方略全面落实，法治政府基本建成，司法公信力不断提高，人权得到切实尊重和保障"。此外，党的十八大继续肯定了十六大提出的要妥善处理依法治国与以德治国的关系以及党的领导、人民当家作主与依法治国有机统一。相对于党的十五大报告、十六大报告和十七大报告来说，十八大报告关于党的领导与依法治国关系的论述，主要是强调了要全面推进依法治国，这一重要观点为由党的十八届四中全会审议通过的《全面推进依法治国的决定》明确提出将党的领导贯彻到全面推进依法治国的全过程和各方面的主张提供了科学的政策和方向指引。

《全面推进依法治国的决定》根据党的十八大报告提出的全面推进依法治国的要求，第一次以党的文件形式就全面推进依法治国的指导思想、总目标、基本原则和具体任务作出了全面和系统的规定，同时提出了180多项法治改革措施。在处理党的领导与依法治国两者相互关系上也作了具体和精确的描述，将党的领导始终不渝地作为全面推进依法治国的正当性大前提，并对如何适应全面推进依法治国的要求来加强党的领导作了明确的要求："党的领导是全面推进依法治国、加快建设社会主义法治国家最根本的保证。必须加强和改进党对法治工作的领导，把党的领导贯彻到全面推进依法治国全过程。"由此，党的领导与依法治国的相互关系真正在党的文件中得到了全面和系统的阐述，不仅理论逻辑关系清晰，而且各项具体制度要求层次分明、覆盖面广，体现了党的领导与依法治国共生共存的紧密关系。

《全面推进依法治国的决定》首次明确论述了把党的领导贯彻到依法治国全过程和各方面，这就从方法论上解决了党的领导的效力问题。习近平总书记在《说明》中详细地解释了为什么要将党的领导贯彻到依法治国的全过程和各方面。习近平总书记就党的领导和依法治国的关系指出：党和法治的关系是法治建设的核心问题。全面推进依法治国这件大事能不能办好，最关键的是方向是不是正确、政治保证是不是坚强有力，具体讲就是要坚持党的领导，坚持中国特色社会主义制度，贯彻中国特色社会主义法治理论。党的领导是中国特色社会主义最本质的特征，是社会主义法治最根本的保证。中国特色社会主义制度是中国特色社会主义法治体系的根本制度基础，是全面推进依法治国的根本制度保障。中国特色社会主义法治理论是中国特色社会主义法治体系的理论指导和学理支撑，是全面推进依法治国的行动指南。这三个方面实质上是中国特色社会主义法治道路的核心要义，规定和确保了中国特色社会主义法治体系的制度属性和前进方向。

党的领导是我国社会主义法治之魂，是我国法治同西方资本主义法治最大的区别。全面依法治国，是要加强和改善党的领导，巩固党的执政地位，完成党的执政使命，而决不是要削弱党的领导。全面推进依法治国，是要健全党领导全面依法治国的制度和工作机制，推进党的领导制度化、法治化，通过法治保障党的路线方针政策有效实施。事实证明，我国政治制度和法治体系是适合我国国情和实际的制度，具有显著优越性，对此要有自信、有底气、有定力，决不能走西方宪政、三权鼎立、司法独立的路子，这是习近平法治思想基于其内在的实践逻辑指导全面依法治国各项法治工作必须坚守的一个原则立场和法律底线。

思考题

1. 为什么说"中国共产党领导是中国特色社会主义最本质的特征"？
2. 推进全面依法治国的根本保证是什么？
3. 怎样坚持和加强党对全面依法治国的领导？

本章扫码答题

第四章

全民普法进入法治中国建设新阶段

　　全民普法是全面依法治国的长期基础性工作。1985年11月5日，中共中央、国务院批转了中宣部、司法部《关于向全体公民基本普及法律常识的五年规划》。同月，全国人大常委会作出《关于在公民中基本普及法律常识的决议》。"普及法律常识"简称"普法"，由此开启了我国法治宣传教育的工作格局。从"一五"到"七五"，全民普法工作的性质已经发生了很大改变，但"普法"二字一直习惯性沿用至今。

　　2016年至2020年，在习近平新时代中国特色社会主义思想特别是习近平法治思想的科学指引下，在党中央、国务院正确领导下，"七五"普法规划顺利实施完成，取得重要成果。以宪法为核心的中国特色社会主义法律体系学习宣传深入开展，"谁执法谁普法"等普法责任制广泛实行，法治文化蓬勃发展，全社会法治观念明显增强，社会治理法治化水平明显提高。

　　2021年是"十四五"开局之年，也是"八五"普法规划实施启动之年。未来五年（2021—2025年），是我国全面建成小康社会、实现第一个百年奋斗目标之后，乘势而上开启全面建设社会主义现

扫码看原文

中央宣传部、司法部
关于开展法治宣传教
育的第八个五年规划
（2021－2025年）

代化国家新征程、向第二个百年奋斗目标进军的第一个五年。我国将进入新发展阶段，全民普法工作也需要守正创新、提质增效、全面发展。统筹中华民族伟大复兴战略全局和世界百年未有之大变局，要求我们深刻认识我国社会主要矛盾发展变化带来的新特征新要求，深刻认识错综复杂的国际环境带来的新矛盾新挑战，坚定不移走中国特色社会主义法治道路，紧紧围绕服务"十四五"时期经济社会发展，以使法治成为社会共识和基本准则为目标，以持续提升公民法治素养为重点，以提高普法针对性和实效性为工作着力点，完善和落实"谁执法谁普法"等普法责任制，促进提高社会文明程度，为全面建设社会主义现代化国家营造良好法治环境。

2020年11月16日至17日举行的中央全面依法治国工作会议首次明确了习近平法治思想的概念。习近平法治思想是顺应实现中华民族伟大复兴时代要求应运而生的重大理论创新成果，是马克思主义法治理论中国化最新成果，是习近平新时代中国特色社会主义思想的重要组成部分，是全面依法治国的根本遵循和行动指南，必须用习近平法治思想武装头脑、指导实践。

当前和今后一段时间，"八五"普法工作要将全面、深入和系统地宣传习近平法治思想作为中心任务，特别是要认真学习和贯彻习近平总书记在中央全面依法治国工作会议上提出的"十一个坚持"，把对"十一个坚持"的宣传教育放在"八五"普法工作的首要位置，吃透习近平法治思想的基本精神，掌握习近平法治思想的核心要义，把习近平法治思想贯彻落实到全面依法治国的全过程和各方面，以习近平法治思想推动普法工作守正创新、提质增效、全面发展，培育公民法治素养，提升社会治理法治化水平，孕育社会主义法治文化，确保在法治轨道上推进国家治理体系和治理能力现代化。

第一节 "八五"普法的新要求

"八五"普法规划在总结前七个五年普法规划经验基础上，力求在继承中创新，特别注重思想引领，把深入学习宣传贯彻习近平法治思想作为主线；注重素养提升，把持续提升公民法治素养作为重点；注重提质增效，把提高普法针对性和实效性作为工作着力点。

两部门解读："八五"普法规划的具体要求

"八五"普法规划实施期间，不仅在普法内容、普法对象上要突出重点，有所侧重，在普法工作机制上也要不断创新。

《法治中国建设规划（2020—2025年）》明确规定：改进创新普法工作，加大全民普法力度，增强全民法治观念。建立健全立法工作宣传报道常态化机制，对立法热点问题主动发声、解疑释惑。全面落实"谁执法谁普法"普法责任制。深入开展法官、检察官、行政复议人员、行政执法人员、律师等以案释法活动。加强突发事件应对法治宣传教育和法律服务。

法治社会怎么建？——中央依法治国办有关负责同志就《法治社会建设实施纲要（2020－2025年）》有关问题答记者问

《法治社会建设实施纲要（2020—2025年）》（以下简称《纲要》）则强调：到2025年，"八五"普法规划实施完成，法治观念深入人心，社会领域制度规范更加健全，社会主义核心价值观要求融入法治建设和社会治理成效显著，公民、法人和其他组织合法权益得到切实保障，社会治理法治化水平显著提高，形成符合国情、体现时代特征、人民群众满意的法治社会建设生动局面，为2035年基本建成法治社会奠定坚实基础。《纲要》规定：在"八五"普法规划实施期间，要深入学习宣传习近平法治思想，深入宣传以宪法为核心的中国特色社会主义法律体系，广泛宣传与经济社会发展和人民群众利益密切相关的法律法规，使人民群众自觉尊崇、信仰和遵守法律。广泛开展民法典普法工作，让民法典走到群众身边、走进群众心里。积极组织疫病防治、野生动物保护、公共卫生安全等方面法律法规和相关知识的宣传教育活动。引导全社会尊重司法裁判，维护司法权威。充分发挥领导干部带头尊法学法守法用法对全社会的示范带动作月，进一步落实国家工作人员学法用法制度，健全日常学法制度，强化法治培训，完善考核评估机制，不断增强国家工作人员特别是各级领导干部依法办事的意识和能力。加强青少年法治教育，全面落实《青少年法治教育大纲》，把法治教育纳入国民教育体系。加强对教师的法治教育培训，配齐配强法治课教师、法治辅导员队伍，完善法治副校长制度，健全青少年参与法治实践机制。引导企业树立合规意识，切实增强企业管理者和职工的法治观念。加强对社会热点案（事）件的法治解读评论，传播法治正能量。运用新媒体新技术普法，推进"智慧普法"平台建设。研究制定法治宣传教育法。与此同时，要健全普法责任制。坚持法治宣传教育与法治实践相结合。认真落实"谁执法谁普法"普法责任制，把案（事）件依法处理的过程变成普法公开课。完善法官、检察官、行政复议人员、行政执法人员、律师等以案释法制度，注重加强对诉讼参与人、行政相对人、利害关系人等的法律法规和政策宣讲。引导社会各方面广泛参与立法，把立法过程变为宣传法律法规的过程。创新运用多种形式，加强对新出台法律法规规章的解读。充分发挥法律服务队伍在普法宣传教育中的重要作用，为人民群众提供专业、精准、高效的法治宣传。健全媒体公益普法制度，引导报社、电台、电视台、网站、融媒体中心等媒体自觉履行普法责任。培育壮大普法志愿者队伍，形成人民群众广泛参与普法活动的实践格局。此外，在"八五"普法规划实施期间，要把建设社会主义法治文化作为全民普法工作的一项重要任务。《纲要》规定：弘扬社会主义法治精神，传播法治理念，恪守法治原则，注重对法治理念、法治思维的培育，充分发挥法治文化的引领、熏陶作用，形成守法光荣、违法可耻的社会氛围。丰富法治文化产品，培育法治文化精品，扩大法治文化的覆盖面和影响力。利用重大纪念日、传统节日等契机开展群众性法治文化活动，组织各地青年普法志愿者、法治文艺团体开展法治文化基层行活动，推动法治文化深入人心。大力加强法治文化阵地建设，有效促进法治文化与传统文化、红色文化、地方文化、行业文化、企业文化融合发展。

《法治政府建设实施纲要（2021—2025年）》强调指出：全面加强依法行政能力建设。推动行政机关负责人带头遵守执行宪法法律，建立行政机关工作人员应知应会法律法规清单。坚持把民法典作为行政决策、行政管理、行政监督的重要标尺，不得违背法律法规随意作出减损公民、法人和其他组织合法权益或增加其义务的决定。健全领导干部学法用法机制，国务院各部门根据职能开展本部门本系统法治专题培训，县级以上地方各级政府负责本地区领导干部法治专题培训，地方各级政府领导班子每年应当举办两期以上法治专题讲座。市县政府承担行政执法职能的部门负责人任期内至少接受一次法治专题脱产培训。加强各部门和市县政府法治机构建设，优化基层司法所职能定位，保障人员力量、经费等与其职责任务相适应。把法治教育纳入各级政府工作人员初任培训、任职培训的必训内容。对在法治政府建设中作出突出贡献的单位和个人，按规定给予表彰奖励。

中共中央办公厅、国务院办公厅印发的《关于加强社会主义法治文化建设的意见》以法治文化建设为目标，对全民普法工作提出了新要求，主要内容包括：

扫码看解读

推进全面依法治国和建设社会主义文化强国的必然要求——司法部有关负责人解读《关于加强社会主义法治文化建设的意见》

一是把习近平法治思想学习宣传同普法工作结合起来，同法治政府建设示范创建活动等结合起来，发挥好各类基层普法阵地的作用。

二是加大全民普法力度，在针对性和实效性上下功夫，落实"谁执法谁普法"普法责任制，加强以案普法、以案释法，发挥典型案例引领法治风尚、塑造社会主义核心价值观的积极作用，不断提升全体公民法治意识和法治素养。

三是广泛开展民法典普法工作，让民法典走到群众身边、走进群众心里，大力弘扬平等自愿、诚实信用等法治精神，教育引导公民正确行使权利、积极履行义务。

四是落实媒体公益普法责任，综合运用"报、网、端、微、屏"等资源和平台，推动法治融媒体建设，建立以内容建设为根本、先进技术为支撑、创新管理为保障的法治全媒体传播体系，创建法治品牌栏目、节目。

五是推动法治文化数字化建设，以全国"智慧普法"平台为依托，组织开展法治动漫微视频征集展播活动，建立全国法治文艺精品库，汇聚优秀网络法治文艺作品，逐步实现共建共享。

六是完善普法讲师团服务管理，推动实现制度化规范化。

"八五"普法规划坚持问题导向、目标导向和强基导向。通过"八五"普法规划的实施，到2025年，公民法治素养和社会治理法治化水平显著提升，全民普法工作体系更加健全；公民对法律法规的知晓度、法治精神的认同度、法治实践的参与度显著提高，全社会尊法学法守法用法的自觉性和主动性显著增强；多层次多领域依法治理深入推进，全社会办事依法、遇事找法、解决问题用法、化解矛盾靠法的法治环境显著改善；全民普法制度完备、实施精准、评价科学、责任落实的工作体系基本形成。

第二节 "八五"普法重点内容和公民法治素养提升

一、"八五"普法重点内容

（一）突出学习宣传习近平法治思想

深入学习宣传习近平法治思想的重大意义、丰富内涵、精神实质和实践要求，引导全社会坚定不移走中国特色社会主义法治道路。把习近平法治思想作为党委（党组）理论学习中心组学习重点内容，列入党校（行政学院）和干部学院重点课程，推动领导干部带头学习、模范践行。把习近平法治思想融入学校教育，纳入高校法治理论教学体系，做好进教材、进课堂、进头脑工作。通过多种形式，运用各类媒体和平台，发挥好各类基层普法阵地作用，推动习近平法治思想入脑入心、走深走实。

（二）突出宣传宪法

在全社会深入持久开展宪法宣传教育活动，阐释好"中国之治"的制度基础，阐释好新时代依宪治国、依宪执政的内涵和意义，阐释好宪法精神。加强国旗法、国歌法等宪法相关法的学习宣传，强化国家认同。全面落实宪法宣誓制度。加强宪法实施案例宣传。结合"12·4"国家宪法日，开展"宪法宣传周"集中宣传活动。加强宪法理论研究，推动宪法类教材和图书的编写、修订、出版。在新市民仪式、青少年成人仪式、学生毕业仪式等活动中设置礼敬宪法环节，大力弘扬宪法精神。在"五四宪法"历史资料陈列馆基础上建设国家宪法宣传教育馆。

（三）突出宣传民法典

广泛开展民法典普法工作，阐释好民法典中国特色社会主义的特质，阐释好民法典关于民事活动平等、自愿、公平、诚信等基本原则，阐释好民法典关于坚持主体平等、保护财产权利、便利交易流转、维护人格尊严、促进家庭和谐、追究侵权责任等基本要求，阐释好民法典一系列新规定新概念新精神。推动各级党和国家机关带头学习宣传民法典，推动领导干部做学习、遵守、维护民法典的表率，提高运用民法典维护人民权益、化解矛盾纠纷、促进社会和谐稳定的能力和水平。把民法典纳入国民教育体系，加强对青少年民法典教育。以"美好生活·民法典相伴"为主题，组织开展民法典主题宣传，让民法典走到群众身边、走进群众心里。

（四）深入宣传与推动高质量发展密切相关的法律法规

继续把宣传中国特色社会主义法律体系作为基本任务，大力宣传国家基本法律，强化"十四五"期间制定和修改的法律法规宣传教育。适应立足新发展阶段、贯彻新发展理念、构建新发展格局需要，大力宣传有关平等保护、公平竞争、激发市场主体活力、防范风险的法律法规，推动建设市场化法治化国际化营商环境。适应实施创新驱动发展战略需要，大力宣传知识产权保护、科技成果转化等方面法律法规，促进科技强国建设。适应统筹推进国内法治和涉外法治需要，大力宣传我国涉外法律法规，促进依法维护国家主权、安全、发展利益。围绕国家发展战略和区域重大战略，组织开展专项法治宣传教育，加强区域性普法与依法治理合作。

（五）深入宣传与社会治理现代化密切相关的法律法规

适应统筹发展和安全的需要，大力宣传总体国家安全观和国家安全法、反分裂国家法、国防法、反恐怖主义法、生物安全法、网络安全法等，组织开展"4·15"全民国家安全教育日普法宣传活动，推动全社会增强国家安全意识和风险防控能力。适应更高水平的平安中国建设需要，继续加强刑法、刑事诉讼法、治安管理处罚法等宣传教育，促进依法惩治和预防犯罪。围绕生态文明建设、食品药品安全、扫黑除恶、毒品预防、社区管理服务、构建和谐劳动关系、防治家庭暴力、个人信息保护等人民群众关心关注的问题，开展经常性法治宣传教育，依法保障社会稳定和人民安宁。

（六）深入宣传党内法规

以党章、准则、条例等为重点，深入学习宣传党内法规，注重党内法规宣传同国家法律宣传的衔接协调。突出学习宣传党章，教育广大党员以党章为根本遵循，尊崇党章、遵守党章、贯彻党章、维护党章。把学习掌握党内法规作为合格党员的基本要求，列入党组织"三会一课"内容，在考核党员、干部时注意了解相关情况，促进党内法规学习宣传常态化、制度化。

二、持续提升公民法治素养

（一）加强教育引导

实行公民终身法治教育制度，把法治教育纳入干部教育体系、国民教育体系、社会教育体系。

加强国家工作人员法治教育。落实国家工作人员学法用法制度，引导国家工作人员牢固树立宪法法律至上、法律面前人人平等、权由法定、权依法使等基本法治观念。重点抓好"关键少数"，提高各级领导干部运用法治思维和法治方式深化改革、推动发展、化解矛盾、维护稳定、应对风险能力。建立领导干部应知应会法律法规清单制度，分级分类明确领导干部履职应当学习掌握的法律法规和党内法规，完善配套制度，促使知行合一。把法治素养和依法履职情况纳入考核评价干部的重要内容，让尊法学法守法用法成为领导干部自觉行为和必备素质。

加强青少年法治教育。全面落实《青少年法治教育大纲》，教育引导青少年从小养成尊法守法习惯。充实完善法治教育教材相关内容，增加法治知识在中考、高考中的内容占比。推进教师网络法治教育培训，5年内对所有道德与法治课教师进行1次轮训。探索设立"法学+教育学"双学士学位人才培养等项目，加强法治教育师资培养。持续举办全国学生"学宪法讲宪法"、国家宪法日"宪法晨读"、全国青少年网上学法用法等活动。推进青少年法治教育实践基地建设，推广法治实践教学和案例教学。深入开展未成年人保护法、预防未成年人犯罪法等学习宣传。进一步完善政府、司法机关、学校、社会、家庭共同参与的青少年法治教育新格局。

分层分类开展法治教育。加强基层组织负责人学法用法工作，开展村（社区）"两委"干部法治培训，提高基层干部依法办事意识和依法治理能力。加强基层行政执法人员法治培训，提升依法行政能力。加强对非公有制经济组织、社会组织管理和从业人员法治教育，促进依法诚信经营管理。加强对媒体从业人员法治教育，将法治素养作为从业资格考评的重要内容，提高其运用法治思维和法治方式解读社会问题、引导社会舆论的能力。根据妇女、残疾人、老年人、农民工等群体特点，开展有针对性的法治宣传教育活动，提高其依法维护权益的意识和能力。

（二）推动实践养成

把提升公民法治素养与推进依法治理等实践活动有机结合，把公民法治素养基本要求融入市民公约、乡规民约、学生守则、行业规章、团体章程等社会规范，融入文明创建、法治示范创建和平安建设活动。从遵守交通规则、培养垃圾分类习惯、制止餐饮浪费等日常生活行为抓起，提高规则意识，让人民群众在实践中养成守法习惯。通过严格执法、公正司法，让人民群众感受到正义可期待、权利有保障、义务须履行，引导全社会树立权利与义务、个人自由与社会责任相统一的观念，纠正法不责众、滥用权利、讲"蛮"不讲法、遇事找关系等思想和行为。

（三）完善制度保障

建立健全对守法行为的正向激励和对违法行为的惩戒制度，把公民法治素养与诚信建设相衔接，健全信用奖惩和信用修复机制。大力宣传崇法向善、坚守法治的模范人物，选树群众身边先进典型。完善激励制约机制，形成好人好报、德者有得的正向效应，形成守法光荣、违法可耻的社会风尚。

实施公民法治素养提升行动，分步骤、有重点地持续推进，不断提升全体公民法治意识和法治素养，推进全民守法。

第三节　社会主义法治文化建设和多层次多领域依法治理

一、加强社会主义法治文化建设

（一）推进法治文化阵地建设

扩大法治文化阵地覆盖面，提高使用率。把法治文化阵地建设纳入城乡规划，在公共设施建设和公共空间利用时体现法治元素，推动法治文化与传统文化、红色文化、地方文化、行业文化、企业文化融合发展。把法治元素融入长城、大运河、长征、黄河等国家文化公园建设，形成一批深受人民群众喜爱的区域性法治文化集群。利用好新时代文明实践中心（所、站）等场所。因地制宜建设法治文化阵地。加强边疆地区法治文化阵地建设，支持边疆法治文化长廊建设和普法教育实践基地建设。着力提升市县法治文化阵地建设质量，推动从有形覆盖向有效覆盖转变。基本实现每个村（社区）至少有一个法治文化阵地。法治文化阵地内容上要准确传播社会主义法治精神，功能上要便于群众学习理解法律、便于开展法治实践活动。加强全国法治宣传教育基地的命名、管理，发挥其在法治文化阵地建设中的引领和示范作用。

（二）繁荣发展社会主义法治文艺

把社会效益放在首位，组织创作一批法治文化精品，创建一批法治文化传播品牌栏目、节目和工作室。继续组织开展全国法治动漫微视频征集展播活动，扩大影响力。建设网上法治文化产品资料库。加大法治文化惠民力度，广泛开展群众性法治文化活动，组织青年普法志愿者、法治文艺团体开展法治文化基层行活动，推动社会主义法治精神深入人心。

（三）推动中华优秀传统法律文化创造性转化、创新性发展

传承中华法系的优秀思想和理念，挖掘民为邦本、礼法并用、以和为贵、

明德慎罚、执法如山等中华传统法律文化精华，根据时代精神加以转化，使中华优秀传统法律文化焕发出新的生命力。加强对我国法律文化历史遗迹和文物的保护，宣传代表性人物的事迹和精神。弘扬善良风俗、家规家训等优秀传统文化中的法治内涵，把不违反法律、不违背公序良俗作为家风家教的重要内容，让社会主义法治精神在家庭中生根。

（四）加强红色法治文化保护、宣传、传承

注重发掘、总结党在革命时期领导人民进行法治建设的光荣历史和成功实践，大力弘扬红色法治文化。探索建立红色法治文化遗存目录，明确保护责任，修缮相关设施，完善展陈内容。组织开展红色法治文化研究阐发、展示利用、宣传普及、传播交流等活动。建设一批以红色法治文化为主题的法

扫码看解读

弘扬红色法治文化　做好"八五"普法工作

治宣传教育基地。讲好红色法治故事，传承红色法治基因，教育引导全社会增强走中国特色社会主义法治道路的自信和自觉。

（五）加强法治文化国际传播和国际交流

以讲好中国法治故事为着力点，突出对外宣传中国特色社会主义法治优越性、新时代法治建设实践成果和中华优秀传统法律文化。讲好中国遵循国际法故事，对外宣示我国积极维护国际法治、捍卫国际公平与正义的立场主张。注重在共建"一带一路"中发挥法治作用。编写涉外案例资料，对我境外企业、机构和人员加强当地法律宣传。建立涉外工作法务制度，加强对我国法域外适用研究，推动海外法律服务高质量发展。举办法治国际论坛，宣介好习近平法治思想，开展与世界各国法治文化对话。坚持贴近中国实际、贴近国际关切、贴近国外受众，加强法治文化国际传播能力建设。积极对来华、在华外国人开展法治宣传，引导其遵守我国法律，保障其合法权益。

二、推进普法与依法治理有机融合

（一）加强基层依法治理

深化法治乡村（社区）建设。加大乡村（社区）普法力度，实施乡村（社

区）"法律明白人"培养工程。完善和落实"一村（社区）一法律顾问"制度。开展面向家庭的普法主题实践活动，培育农村学法用法示范户，建设尊老爱幼、男女平等、夫妻和睦的模范守法家庭，注重发挥家庭家教家风在基层社会治理中的重要作用。健全党组织领导的自治、法治、德治相结合的城乡基层治理体系，加强乡村（社区）依法治理，探索实行积分制，因地制宜推广村民

中共中央、国务院关于加强基层治理体系和治理能力现代化建设的意见

评理说事点、社区"法律之家"等做法，打造基层普法和依法治理有效阵地。坚持和发展新时代"枫桥经验"，完善社会矛盾纠纷多元预防调处化解综合机制，做到"小事不出村、大事不出乡、矛盾不上交"。深入开展"民主法治示范村（社区）"创建，加强动态管理，提高创建质量，促进乡村社会既充满活力又和谐有序，推动全面依法治国各项措施在城乡基层落地生根。

深化依法治校。深化"法律进学校"，推动各级各类学校健全依法治理制度体系，加强学校法治文化建设，切实提升依法办学、依法执教的意识和能力。落实"法治副校长"、法治辅导员制度，有针对性地开展防范校园欺凌、性侵害等方面法治教育，深化学校及周边环境依法治理。

深化依法治企。深化"法律进企业"，落实经营管理人员学法用法制度。加强企业法治文化建设，提高经营管理人员依法经营、依法管理能力。推动企业合规建设，防范法律风险，提升企业管理法治化水平。

（二）深化行业依法治理

引导和支持各行业依法制定规约、章程，发挥行业自律和专业服务功能，实现行业自我约束、自我管理，依法维护成员合法权益。推进业务示准程序完善、合法合规审查到位、防范化解风险及时、法律监督有效的法治化行业治理。

深化"法律进网络"，加强对网络企业管理和从业人员法治教育，推动网络企业自觉履行责任，做到依法依规经营。完善网络管理制度规范，培育符合互联网发展规律、体现公序良俗的网络伦理、网络规则。加强网络安全教育，提高网民法治意识，引导广大网民崇德守法、文明互动、理性表达。

（三）开展专项依法治理

加强社会应急状态下专项依法治理，开展公共卫生安全、传染病防治、防灾减灾救灾、突发事件应急管理等方面法治宣传教育，促进全社会在应急状态下依法行动、依法办事，依法维护社会秩序。

坚持依法治理与系统治理、综合治理、源头治理有机结合，深入开展多层次多形式法治创建活动，加强对县（市、区、旗）、乡镇（街道）、村（社区）等区域治理中法治状况的研究评估工作，大力提高社会治理法治化水平。

第四节　着力提高普法针对性实效性

一、在立法、执法、司法过程中开展实时普法

（一）把普法融入立法过程

在法律法规制定、修改过程中，通过公开征求意见、听证会、论证会、基层立法联系点等形式扩大社会参与。通过立法机关新闻发言人等机制解读法律问题，回应社会关切。在司法解释制定过程中，加强相关普法工作。法律法规正式公布时，一般应当同步进行解读。

（二）把普法融入执法、司法过程

制定执法、司法办案中开展普法的工作指引，加强行政许可、行政处罚、行政强制、行政复议、行政诉讼等相关法律规范的普法宣传，把向行政相对人、案件当事人和社会公众的普法融入执法、司法办案程序中，实现执法办案的全员普法、全程普法。在落实行政执法公示、执法全过程记录、重大执法决定法制审核制度中，加强普法宣传。在行政复议工作中，利用受理、审理、决定等各环节实时普法，引导教育申请人依法维权、表达诉求。充分运用公开开庭、巡回审判、庭审现场直播、生效法律文书统一上网和公开查询等生动直观的形式宣讲法律，释法说理。

（三）把普法融入法律服务过程

法律服务工作者在为当事人提供法律服务、调处矛盾纠纷、参与涉法涉诉信访案件处理时，加强释法析理，引导当事人和社会公众依法办事。加快公共法律服务体系建设，在人民群众需要法律的时候，能够及时得到法治宣传和法律服务，让人民群众感受到法律的温暖和力量。

（四）加大以案普法力度

落实法官、检察官、行政复议人员、行政执法人员、律师等以案释法制度和典型案例发布制度，健全以案普法长效机制，使广大法治工作者成为弘扬社会主义法治精神、传播社会主义法治理念的普法者。培育以案普法品牌，针对人民群众日常生活遇到的具体法律问题及时开展普法。充分利用典型案事件向公众进行法律解读，使典型案事件依法解决的过程成为全民普法的公开课。

二、充分运用社会力量开展公益普法

（一）壮大社会普法力量

发挥群团组织和社会组织在普法中的作用，畅通和规范市场主体、新社会阶层、社会工作者和志愿者等参与普法的途径，发展和规范公益性普法组织。加强普法讲师团建设，充分发挥法律实务工作者、法学教师的作用。加强普法志愿队伍建设，组织、支持退休法官检察官、老党员、老干部、老教师等开展普法志愿服务。

（二）健全社会普法教育机制

加强对社会力量开展普法的管理服务、组织引导和政策、资金、项目扶持，完善政府购买、社会投入、公益赞助等相结合的社会普法机制。健全嘉许制度，推动普法志愿服务常态化、制度化。

三、充分运用新技术新媒体开展精准普法

（一）创新普法内容

适应人民群众对法治的需求从"有没有"向"好不好"的转变，提高普法质量，形成法治需求与普法供给之间更高水平的动态平衡。注重运用新技术分析各类

人群不同的法治需求，提高普法产品供给的精准性和有效性。走好全媒体时代群众路线，鼓励公众创作个性化普法产品，加强对优秀自媒体制作普法作品的引导。加大音视频普法内容供给，注重短视频在普法中的运用。

（二）拓展普法网络平台

以互联网思维和全媒体视角深耕智慧普法。强化全国智慧普法平台功能，推动与中国庭审公开网、中国裁判文书网等网络平台的信息共享。建立全国新媒体普法集群和矩阵，发挥"学习强国"等平台优势，形成多级互动传播。建设全国统一的法律、法规、规章、行政规范性文件、司法解释和党内法规信息平台，及时更新数据，免费向公众开放。

（三）创新普法方法手段

坚持效果导向，在充分利用传统有效的普法方式基础上，促进单向式传播向互动式、服务式、场景式传播转变，增强受众参与感、体验感、获得感，使普法更接地气，更为群众喜闻乐见。建设融"报、网、端、微、屏"于一体的全媒体法治传播体系，使互联网变成普法创新发展的最大增量。

 思考题

1. "八五"普法工作的主要目标是什么？
2. "八五"普法的工作原则有哪些？
3. 中华传统法律文化的精华有哪些？

本章扫码答题

第五章

国家工作人员要坚决维护宪法权威

宪法与国家前途、民族命运、人民幸福息息相关。宪法的根基在于内心拥护，宪法的伟力源自真诚信仰。国家工作人员要加强对宪法内容的全面学习掌握，吃透宪法精神、宪法原则、宪法规定，牢固树立宪法意识，培养宪法思维，自觉忠于宪法、遵守宪法，坚决维护宪法权威。在开展工作的过程中，做到以宪法为准绳，使每一项工作、每一个决策都符合宪法精神。

第一节 宪法知识

宪法规定了国家的根本制度、根本任务和国体、政体以及公民基本权利义务等重大问题。从 1954 年我国第一部宪法诞生至今，我国宪法一直处在探索实践和不断完善过程中。1982 年宪法公布施行后，共进行了 5 次修改。2018 年 3 月 11 日，第十三届全国人大第一次会议高票通过的宪法修正案，实现了现行宪法的与时俱进和完善发展，具有重大的现实意义和深远的历史意义。

一、宪法概述

（一）宪法定义

宪法是规定国家根本制度和根本任务，规定国家机关的组织与活动的基本原则，确认和保障公民基本权利，集中表现各种政治力量对比关系的国家根本法。

（二）宪法特征

1.宪法内容的根本性。宪法规定国家的根本政治、经济、文化制度，划定了国家生活和社会生活的总体运行规则。

2.宪法效力的最高性。宪法是普通法律的立法基础，为普通法律提供立法依据和基本立法原则；宪法效力高于普通法律，普通法律不得与宪法相违背；宪法构成一切国家机关、社会团体、公民个人的最高行为准则，任何组织和个人不得有超越于宪法之上的特权。

扫码看讲座

违宪的法律法规应如何处理

3.宪法制定和修改的程序最严格。

🔍以案学法1

合宪性审查：道路交通条例侵犯公民隐私监督案

2018年，全国人大常委会法工委在对全国57项地方交通安全条例进行规范性文件备案审查时发现，有的地方性法规中规定公安机关因为调查交通事故的需要可以查阅或者复制交通事故人通讯记录。典型的如某省人大常委会审议通过的道路交通安全条例中规定：因调查交通事故案件需要，公安机关交通管理部门可以查阅或者复制交通事故当事人通讯记录，有关单位应当及时、如实、无偿提供，不得伪造、隐匿、转移、销毁。基本相同的规定也出现在了某自治区人大常委会审议通过的实施道路交通安全法办法中。

【评析】根据立法法第72条规定，省、自治区、直辖市人大及其常委会制定地方性法规不得与宪法、法律、行政法规相抵触。根据宪法第40条规定，公安机关只有在因国家安全或追查刑事犯罪的需要时，才能依照法定程序对公民的通信进行检查。本案中，相关条例、办法的规定显然超出了宪法的授权，构成了对公民的通信自由的侵犯，直接与宪法的规定相抵触。

对行政法规、地方性法规、司法解释等规范性文件开展备案审查，是宪法和法律赋予全国人大常委会的一项重要职权。全国人大及其常委会有权依法对与宪法法律相抵触的法规、司法解释进行撤销、纠正。2019年2月，全国人大常委会法工委根据宪法第40条的规定对上述地方性法规的规定作出了"涉及公民通信自由及通信秘密，缺乏法律依据"的结论，向两地人大常委会发出审查意见督促纠正。后相关规定从当地的道路交通安全条例、办法中删除。

（三）宪法地位

宪法是国家的根本法，是治国安邦的总章程，是党和人民意志的集中体现。宪法具有最高的法律地位、法律权威、法律效力。宪法序言规定："本宪法以法律的形式确认了中国各族人民奋斗的成果，规定了国家的根本制度和根本任务，是国家的根本法，具有最高的法律效力。全国各族人民、一切国家机关和武装力量、各政党和各社会团体、各企业事业组织，都必须以宪法为根本的活动准则，并且负有维护宪法尊严、保证宪法实施的职责。"

（四）宪法的基本原则

1. 党的领导原则。中国共产党是执政党，是国家的最高政治领导力量。中国共产党领导是中国特色社会主义最本质的特征，是中国特色社会主义制度的最大优势，是人民当家作主和依法治国的根本保证。

2. 人民主权原则。人民主权，即国家的主权属于人民，归人民所有。宪法第2条规定："中华人民共和国的一切权力属于人民。人民行使国家权力的机关是全国人民代表大会和地方各级人民代表大会。人民依照法律规定，通过各种途径和形式，管理国家事务，管理经济和文化事业，管理社会事务。"

3. 基本人权原则。宪法是公民权利的保障书。我国宪法专章规定了公民的基本权利，并于2004年修改时将"国家尊重和保障人权"写入宪法，为保护公民基本权利提供了规范基础。

4. 法治原则。1999年宪法修正案增加"中华人民共和国实行依法治国，建设社会主义法治国家"的规定，确立了法治原则。2018年宪法修正案将"健全社会主义法制"修改为"健全社会主义法治",进一步确立了这一宪法基本原则。

5. 民主集中制原则。民主集中制是我国政治制度的核心机制。宪法第3条第1款规定:"中华人民共和国的国家机构实行民主集中制的原则。"民主集中制原则既是我国国家机构的组织和活动原则,也是我国宪法的基本原则。

扫码看讲座

我国国家机构的组织活动原则是什么

6. 权力制约与监督原则。权力制约与监督原则是指国家权力的各部分之间相互监督、彼此牵制,以保障公民权利的原则。我国宪法规定了人民对国家权力活动进行监督的制度、公民对国家机关及其工作人员的监督权,以及国家机关之间、国家机关内部不同的监督形式。

（五）宪法确定的国家根本任务

国家的根本任务是:沿着中国特色社会主义道路,集中力量进行社会主义现代化建设。中国各族人民将继续在中国共产党领导下,在马克思列宁主义、毛泽东思想、邓小平理论、"三个代表"重要思想、科学发展观、习近平新时代中国特色社会主义思想指引下,坚持人民民主专政,坚持社会主义道路,坚持改革开放,不断完善社会主义的各项制度,发展社会主义市场经济,发展社会主义民主,健全社会主义法治,贯彻新发展理念,自力更生,艰苦奋斗,逐步实现工业、农业、国防和科学技术的现代化,推动物质文明、政治文明、精神文明、社会文明、生态文明协调发展,把我国建设成为富强民主文明和谐美丽的社会主义现代化强国,实现中华民族伟大复兴。

二、我国的政治经济制度

（一）我国的政治制度

1. 人民民主专政。宪法第1条第1款规定:"中华人民共和国是工人阶级领导的、以工农联盟为基础的人民民主专政的社会主义国家。"人民民主专政是我国的国家性质,即国体,包括对人民实行民主和对敌人实行专政两个方面。工人阶级领导国家是通过其政党中国共产党实现的,中国共产党领导是中国特色社会主义最本质的特征。

2. 人民代表大会制度。人民代表大会制度是我国人民民主专政政权的组织形式，即政体，是我国的根本政治制度，是中国特色社会主义制度的重要组成部分。它是我国人民当家作主的根本途径和最高实现形式，是中国共产党领导和执政的重要实现途径和制度载体。人民代表大会统一行使国家权力，实行民主集中制。

3. 中国共产党领导的多党合作和政治协商制度。中国共产党领导的多党合作和政治协商制度是适合我国国情的一项基本政治制度，将长期存在和发展。

中国共产党是中国特色社会主义事业的领导核心，是执政党，自觉接受各民主党派的监督。八个民主党派是参政党，与中国共产党合作，参与执政。中国共产党与各民主党派长期共存、互相监督、肝胆相照、荣辱与共。

中国人民政治协商会议是中国共产党领导的多党合作和政治协商的重要机构，它围绕民主和团结两大主题，履行政治协商、民主监督、参政议政三大职能。在中国共产党的领导下，各民主党派、各人民团体、各少数民族和社会各界的代表，对国家的大政方针以及政治、经济、文化和社会生活中的重要问题在决策之前举行协商和就决策执行过程中的重要问题进行协商。

4. 民族区域自治制度。民族区域自治制度是我国的基本政治制度之一，即在中央统一领导下，各少数民族聚居的地方实行区域自治，设立自治机关，行使自治权的制度。民族自治地方的自治机关是自治区、自治州、自治县的人民代表大会和人民政府。民族自治地方的自治机关的组成和工作，根据宪法和法律，由民族自治地方的自治条例或者单行条例规定。

5. 基层群众自治制度。基层群众自治制度，是中国特色社会主义民主制度的重要内容，是居民（村民）依法直接行使民主选举、民主决策、民主管理、民主监督的民主权利，实行自我管理、自我服务、自我教育、自我监督的制度，是伴随新中国发展历程生长起来的一项具有独特作用的基本政治制度。城市和农村按居民（村民）居住地区设立的居民委员会或者村民委员会是基层群众性自治组织。

（二）我国的经济制度和分配制度

我国在社会主义初级阶段，坚持公有制为主体、多种所有制经济共同发展的基本经济制度，坚持按劳分配为主体、多种分配方式并存的分配制度。

1.所有制。

（1）公有制。我国的社会主义经济制度的基础是生产资料的社会主义公有制，即全民所有制和劳动群众集体所有制。全民所有制经济即国有经济，是国民经济中的主导力量。国家保障国有经济的巩固和发展。集体所有制经济是部分劳动者共同占有生产资料的公有制形式，是社会主义公有制经济的重要组成部分。国家保护城乡集体经济组织的合法的权利和利益，鼓励、指导和帮助集体经济的发展。

（2）非公有制。非公有制经济是我国现阶段除了公有制经济形式以外的所有经济结构形式，主要包括个体经济、私营经济、外资经济等。非公有制经济是我国社会主义市场经济的重要组成部分。国家保护个体经济、私营经济等非公有制经济的合法的权利和利益，鼓励、支持和引导非公有制经济的发展，并对非公有制经济依法实行监督和管理。

2.分配制度。社会主义公有制消灭人剥削人的制度，实行各尽所能、按劳分配的原则。我国按劳分配为主体、多种分配方式并存的分配制度，是由我国社会主义初级阶段的生产资料所有制结构、生产力的发展水平，以及人们劳动差别的存在决定的，同时也是发展社会主义市场经济的客观要求。

三、公民的基本权利和义务

（一）公民的基本权利

1.平等权。宪法第33条第2款规定："中华人民共和国公民在法律面前一律平等。"这既是我国社会主义法治的一项重要原则，也是我国公民的一项基本权利。我国公民一律平等地享有宪法法律规定的权利并平等地承担相应的义务，不允许任何组织和个人有超越宪法法律之上的特权。

2.政治权利。主要包括：（1）选举权和被选举权。选举权和被选举权是公民基本的政治权利，也是最能体现人民群众当家作主的一项权利。宪法第34条规定："中华人民共和国年满十八周岁的公民，不分民族、种族、性别、职业、家庭出身、宗教信仰、教育程度、财产状况、居住期限，都有选举权和被选举权；但是依照法律被剥夺政治权利的人除外。"（2）言论、出版、集会、结社、游行、示威的自由。宪法第35条规定："中华人民共和国公民有言论、出版、集会、结社、游行、示威的自由。"这是公民重要的政治权利，其行使应当以遵守有关法律规定为前提。

3. 宗教信仰自由。尊重和保护宗教信仰自由，是我们党和国家长期的基本政策。主要内容有：（1）我国公民有宗教信仰自由，任何国家机关、社会团体和个人不得强制公民信仰宗教或者不信仰宗教，不得歧视信仰宗教的公民和不信仰宗教的公民；（2）国家保护正常的宗教活动，任何人不得利用宗教进行破坏社会秩序、损害公民身体健康、妨碍国家教育制度的活动；（3）宗教团体和宗教事务不受外国势力的支配。

4. 人身自由。广义上，人身自由权主要包含人身自由不受侵犯、人格尊严不受侵犯、住宅不受侵犯、通信自由和通信秘密。其中，人身自由不受侵犯，是公民最起码、最基本的权利，是公民参加各种社会活动和享受其他权利的先决条件。宪法第37条规定："中华人民共和国公民的人身自由不受侵犯。任何公民，非经人民检察院批准或者决定或者人民法院决定，并由公安机关执行，不受逮捕。禁止非法拘禁和以其他方法非法剥夺或者限制公民的人身自由，禁止非法搜查公民的身体。"宪法第38—40条对公民人格尊严不受侵犯、住宅不受侵犯、通信自由和通信秘密进行了规定。

5. 监督权和取得赔偿权。监督权是宪法赋予公民监督国家机关及其工作人员的活动的权利，主要包括：（1）批评建议权：对于任何国家机关和国家工作人员，有提出批评和建议的权利；（2）申诉、控告、检举权：对于任何国家机关和国家工作人员的违法失职行为，有向有关国家机关提出申诉、控告或者检举的权利，但是不得捏造或者歪曲事实进行诬告陷害；（3）取得赔偿权：由于国家机关和国家工作人员侵犯公民权利而受到损失的人，有依照法律规定取得赔偿的权利。

扫码看讲座

宪法是如何保护公民的私有财产的

6. 经济、社会和文化权利。宪法第13条、第42—47条对公民的财产权、继承权、劳动权、休息权、社会保障权、物质帮助权、受教育权、科学文化活动自由进行了规定。

7. 对特定主体等的保护。宪法第45条、第48—50条对残疾军人、烈军属、残疾人、妇女、母亲、儿童、老人、华侨、归侨、侨眷等的权利、利益保护和婚姻、家庭保护进行了规定。

🔍 以案学法2

不让盲道变"忙道"：12家相关行政单位整改盲道案

2019年10月，某市某区检察院在履行公益诉讼监督职责中，发现辖区内部分盲道被损坏、违法占用，导致视障人士出行不便，社会公益严重损害，遂将该案件线索层报省检察院审批立案。立案后，在进一步调查中发现，综合行政执法局、住房和城乡建设局、城市管理局、相关街镇政府等12家相关行政单位可能未履行对辖区内盲道建设、养护的监督管理责任。

为解决盲道所牵涉的多个行政单位职能交叉、责任交叉等问题，检察机关决定于2020年5月20日召开公开听证会，在充分保障各行政单位表达权的基础上，向12家相关行政单位发出检察建议书。

【评析】无障碍环境建设是保障残障人士合法权益的一项重要内容。让残障人士平等参与到社会生活中，依法保障他们的出行等合法权益，是行政机关的重要职责之一，也是保护公民基本权利的体现。本案中，12家相关行政单位未正确履行各自承担的监督管理职责，使得作为指引视障人士安全出行绿色通道的盲道部分被损坏、违法占用，给视障人士的出行造成不便和安全隐患。检察机关发出检察建议后，截至2020年7月20日，12家相关行政单位均已整改并回复检察建议，第三方评估显示整治效果良好，盲道障碍基本排除。

（二）公民的基本义务

1. 维护国家统一和各民族团结。宪法第52条规定："中华人民共和国公民有维护国家统一和全国各民族团结的义务。"

2. 遵纪守法和尊重社会公德。宪法第53条规定："中华人民共和国公民必须遵守宪法和法律，保守国家秘密，爱护公共财产，遵守劳动纪律，遵守公共秩序，尊重社会公德。"

3. 维护祖国的安全、荣誉和利益。宪法第54条规定："中华人民共和国公民有维护祖国的安全、荣誉和利益的义务，不得有危害祖国的安全、荣誉和利益的行为。"

4.保卫祖国，依法服兵役和参加民兵组织。宪法第55条规定："保卫祖国、抵抗侵略是中华人民共和国每一个公民的神圣职责。依照法律服兵役和参加民兵组织是中华人民共和国公民的光荣义务。"

5.依法纳税。宪法第56条规定："中华人民共和国公民有依照法律纳税的义务。"

6.其他义务。宪法规定的公民基本义务还包括：劳动的义务；受教育的义务；夫妻双方有实行计划生育的义务；父母有抚养教育未成年子女的义务，成年子女有赡养扶助父母的义务等。

四、国家机构

国家机构是国家为了实现其管理社会职能而建立起来的国家机关的总和。我国国家机构由权力机关、行政机关、军事机关、监察机关、司法机关组成。宪法第27条规定的我国国家机关的工作原则主要包括：精简和效率原则、密切联系群众原则等。

宪法对国家机关的工作原则是如何规定的

（一）权力机关

1.全国人民代表大会。全国人大是最高国家权力机关，其常设机关是全国人大常委会。全国人大及其常委会行使国家立法权。全国人大由民主选举产生，对人民负责，受人民监督。全国人大及其常委会坚持全过程民主，同人民保持密切联系，倾听人民的意见和建议，始终坚持体现人民意志，保障人民权益。全国人大的主要职权有：修改宪法和监督宪法的实施，制定和修改国家基本法律，选举、决定任命中央国家机构组成人员，决定国家重大事项等。

2.全国人大常委会。全国人大常委会是全国人大的常设机关，是最高国家权力机关的组成部分，在全国人大闭会期间，行使最高国家权力。全国人大常委会对全国人大负责并报告工作。全国人大选举并有权罢免全国人大常委会的组成人员。

3.国家主席。国家主席是我国国家机构体系中的一个国家机关，和全国人大常委会结合起来对内行使国家职权，对外代表中华人民共和国。国家主席根据全国人大及其常委会的决定，公布法律，任免国务院总理、副总理、国务委员、各部部长、各委员会主任、审计长、秘书长，授予国家的勋章和荣誉称号，发布特赦令，宣布进入紧急状态，宣布战争状态，发布动员令。国家主席代表中华人民共和国，进行国事活动，接受外国使节；根据全国人大常委会的决定，派遣和召回驻外全权代表，批准和废除同外国缔结的条约和重要协定。

4. 地方各级人大及其常委会。地方各级人大是地方国家权力机关，包括：省、自治区、直辖市的人大；设区的市、自治州的人大；县、自治县、不设区的市、市辖区的人大；乡、民族乡、镇的人大。县级以上的地方各级人大设立常委会，作为本级人大的常设机关。民族自治地方的人大及其常委会的特殊权限是可以制定自治条例和单行条例。

（二）行政机关

1. 国务院。国务院即中央人民政府，是最高国家权力机关的执行机关，是最高国家行政机关。国务院主要行使以下职权：（1）根据宪法和法律，规定行政措施，制定行政法规，发布决定和命令；（2）向全国人大或其常委会提出议案；（3）对所属部、委和地方各级行政机关进行领导；（4）领导和管理经济工作和城乡建设、生态文明建设，以及教育、科学、文化、卫生、体育、民政、公安、司法行政、国防建设、民族事务等工作；（5）任免、培训、考核和奖惩行政人员等。

2. 地方各级人民政府。地方各级人民政府是地方各级人大的执行机关，也是地方各级国家行政机关。地方各级人民政府对本级人大和上一级国家行政机关负责并报告工作。县级以上的地方各级人民政府在本级人大闭会期间，对本级人大常委会负责并报告工作。地方各级人民政府都受国务院统一领导。民族自治地方人民政府还依据宪法、民族区域自治法和其他法律规定的权限行使自治权。

（三）最高军事领导机关

中央军事委员会是中国共产党领导下的最高军事领导机关，直接领导全国武装力量。中央军事委员会由主席、副主席若干人，委员若干人组成，实行主席负责制。中央军事委员会主席对全国人大及其常委会负责。

（四）监察机关

国家设立国家监察委员会和地方各级监察委员会，作为国家的监察机关。国家监察委员会是最高监察机关。国家监察委员会领导地方各级监察委员会的工作，上级监察委员会领导下级监察委员会的工作。国家监察委员会对全国人大及其常委会负责。地方各级监察委员会对产生它的国家权力机关和上一级监察委员会负责。

（五）司法机关

1.审判机关。人民法院是国家的审判机关，依法独立行使审判权，不受行政机关、社会团体和个人的干涉。国家设立最高人民法院、地方各级人民法院和专门人民法院。最高人民法院是最高审判机关。最高人民法院监督地方各级人民法院和专门人民法院的审判工作，上级人民法院监督下级人民法院的审判工作。最高人民法院对全国人大及其常委会负责。地方各级人民法院对产生它的国家权力机关负责。

2.检察机关。人民检察院是国家的法律监督机关，依法独立行使检察权，不受行政机关、社会团体和个人的干涉。国家设立最高人民检察院、地方各级人民检察院和专门人民检察院。最高人民检察院是最高检察机关。最高人民检察院领导地方各级人民检察院和专门人民检察院的工作，上级人民检察院领导下级人民检察院的工作。最高人民检察院对全国人大及其常委会负责。地方各级人民检察院对产生它的国家权力机关和上级人民检察院负责。

 思考题

1. 宪法的基本原则有哪些？

2. 为什么要加强宪法实施和监督？

本节扫码答题

第二节　宪法相关法立法修法导读

宪法相关法，一般是指直接保障宪法规定实施和国家政权运作等方面的法律规范的总和。宪法相关法方面的法律主要包括：一是国家机构的产生、组织、职权和基本工作制度方面的法律；二是有关民族区域自治制度、基层群众自治制度方面的法律；三是有关特别行政区方面的制度；四是有关维护国家主权、领土完整、国家安全、国家标志等方面的法律；五是有关保障公民基本政治权利方面的法律。鉴于篇幅有限，这里仅就近 5 年来主要的立法修法作简要导读。

一、全国人大组织法和议事规则修改导读

2021 年 3 月 11 日，人大制度的基础性法律《中华人民共和国全国人民代表大会组织法》和《中华人民共和国全国人民代表大会议事规则》经第十三届全国人大第四次会议修正通过，修改条款自 2021 年 3 月 12 日起施行。这两部法律是国家的基本法律、人大制度的基础性法律，施行 30 多年来的首次修改，对保证和发展人民当家作主意义重大。

全国人大组织法修改的主要内容包括：明确坚持党的领导和人大工作的指导思想；贯彻落实社会主义民主是全过程民主，充分发挥代表在全过程民主中的重要作用；完善大会主席团和委员长会议职权相关规定；适应监察体制改革需要增加相关内容；完善全国人大及其常委会的机构设置及其工作职责；健全全国人大常委会人事任免权；加强代表工作、密切与代表的联系等。

全国人大议事规则修改的主要内容包括：明确提前、推迟召开大会的程序；严明会议纪律；加强会议公开和信息化建设；适当精简会议程序，提高议事质量和效率；完善规划纲要的审查批准和调整程序；健全完善大会通过事项的公布程序等。

二、选举法修改导读

选举制度是人民代表大会制度的基础，《中华人民共和国全国人民代表大

会和地方各级人民代表大会选举法》是保障公民行使选举权和被选举权，依法产生各级人大代表的重要法律。我国选举法于1953年制定，1979年重新修订，此后于2020年进行了第七次修改。该次修改的主要内容包括：坚持党对选举工作的领导；适当增加县乡两级基层人大代表数量；重新确定代表名额的报备；完善破坏选举行为的法律责任等。

扫码看解读

十个严禁 中央发布
最新换届纪律

以案学法3

零容忍：湖南衡阳破坏选举案

2012年12月28日至2013年1月3日，衡阳市召开第十四届人民代表大会第一次会议，在差额选举省人大代表的过程中，发生了严重的以贿赂手段破坏选举的违纪违法案件。当选的76名省人大代表中，有56人送钱拉票，涉案金额达1.1亿余元。参会的527名人大代表中有518名收受钱物1亿余元。衡阳市人大的大会工作人员参与收受、分发钱物，68名大会工作人员收受钱款共计1001万元。

【评析】人民代表大会制度是我国的根本政治制度，而选举权和被选举权是人民行使国家权力的基本形式。湖南衡阳破坏选举案涉案人员多、涉案金额大、牵涉范围广，性质严重、影响恶劣，是对人民代表大会制度的破坏，是对公民选举权等基本政治权利的侵犯，是对国家宪法法律和党的纪律的挑战，触碰了社会主义制度底线和党的执政底线。

衡阳破坏选举案66案69人被依法提起公诉，相关人员因破坏选举罪、玩忽职守罪、受贿罪等，被判处有期徒刑、拘役或剥夺政治权利等刑罚；467人受到党纪政纪处分，其中处级以上干部近200人；涉案的500多名省、市人大代表辞职或被终止代表资格。

国家工作人员要把严肃换届纪律与严格执行换届选举法律规范结合起来，以"零容忍"的政治态度、规范严谨的法定程序、科学有效的工作机制、严肃认真的纪律要求，坚决杜绝破坏选举现象的发生。

三、国家标志、国家仪典方面立法修法导读

党的十八大以来，以习近平同志为核心的党中央高度重视国家标志、国家仪典方面的立法，相继制定国家勋章和国家荣誉称号法、国歌法、英雄烈士保护法等重要法律，修改国旗法、国徽法，完善国家标志制度，从而强化公民的国家意识和爱国主义精神，培育和践行社会主义核心价值观，发展社会主义先进文化，推进国家治理体系和治理能力现代化。以下主要介绍国家标志制度的立法完善。

（一）国歌法导读

2017年9月1日，《中华人民共和国国歌法》由第十二届全国人大常委会第二十九次会议通过，于2017年10月1日起施行。

国歌是宪法确立的国家象征和标志。国歌法以国家立法的形式，落实了宪法规定的国家标志制度，明确了应当和不得奏唱国歌的场合、奏唱国歌时的礼仪；为保证国歌的奏唱效果，规定国家要组织审定国歌标准演奏曲谱、录制官方录音版本；明确了对侮辱国歌行为的处罚。

国歌法的制定，对于保证宪法的有效实施，增强国歌奏唱的严肃性和规范性，维护国家尊严，弘扬以爱国主义为核心的伟大民族精神具有重大意义。

（二）国旗法、国徽法修改导读

国旗和国徽是国家的象征和标志，代表着国家权威与尊严，是国家制度的重要内容。1990年和1991年通过的国旗法、国徽法，除2009年修改了法律责任条款外，没作过大的修改。2020年10月17日，《中华人民共和国国旗法》《中华人民共和国国徽法》由第十三届全国人大常委会第二十二次会议修正通过，修改条款于2021年1月1日起施行。

该次法律修改幅度不小，完善了国旗、国徽的尺度，增加了使用的场合和规范，对损害国旗、国徽尊严的行为作出禁止性规定，明确了监督部门，增加了国旗、国徽教育内容等。根据国旗和国徽的特点，把握不同要求，对于国旗，强调鼓励与规范并重，鼓励公民、组织在适当场合升挂、使用国旗和国旗图案；对于国徽，坚持以规范为主，主要是规范国家机关的使用。

国旗法、国徽法的修改进一步完善了国家标志制度，对强化升挂国旗和悬

挂国徽的权威性和严肃性，提高相关部门和单位升挂国旗和悬挂国徽的法律意识，加强爱国主义教育具有重要意义。

思考题

1. 全国及地方各级人大代表如何通过选举产生？
2. 应当和不得奏唱国歌的场合有哪些？

本节扫码答题

第三节　宪法宣传教育

一、加强宪法宣传教育

开展宪法宣传教育，是全面贯彻实施宪法的重要基础性工作。习近平总书记指出：要加强宪法学习宣传教育，弘扬宪法精神、普及宪法知识，为加强宪法实施和监督营造良好氛围。宪法法律的权威源自人民的内心拥护和真诚信仰，加强宪法学习宣传教育是实施宪法的重要基础。要在全社会广泛开展尊崇宪法、学习宪法、遵守宪法、维护宪法、运用宪法的宣传教育，弘扬宪法精神，弘扬社会主义法治意识，增强广大干部群众的宪法意识，使全体人民成为宪法的忠实崇尚者、自觉遵守者、坚定捍卫者。要坚持从青少年抓起，把宪法法律教育纳入国民教育体系，引导青少年从小掌握宪法法律知识、树立宪法法律意识、养成遵法守法习惯。要完善国家工作人员学习宪法法律的制度，推动领导干部加强宪法学习，增强宪法意识，带头尊法学法守法护法用法。

维护宪法权威、推进宪法实施必须加强宪法宣传教育。要把学习宣传宪法与实施宪法紧密结合起来，依法保障全体公民享有广泛权利，努力维护最广大人民根本利益，保障人民群众对美好生活的向往和追求，让人民群众在国家政治和社会生活中都能够感受到宪法权威、宪法尊严、宪法温暖和宪法魅力，通过宪法宣传教育和宪法有效实施等多种路径和形式，例如深入开展公民宪法教育、推行宪法宣誓制度、推进合宪性审查工作、依法查处违宪行为、落实宪法基本权利等，拉近宪法与人民群众的距离，把纸面的抽象的宪法条文，变成人民群众政治和社会生活的具体内容，不断深化和强化全体公民对于宪法的政治认同、法治认同、思想认同、情感认同和事实认同。

二、国家宪法日

党的十八届四中全会提出将每年 12 月 4 日定为国家宪法日。2014 年 11 月 1 日，第十二届全国人大常委会第十一次会议通过《全国人民代表大会常务委员会关于设立国家宪法日的决定》，将 12 月 4 日设立为国家宪法日。国家通过多种形式开展宪法宣传教育活动。

国家宪法日的设立，有助于普及宪法观念，增强全社会宪法意识，树立宪法权威，弘扬宪法精神；有助于巩固和扩大宪法实施的社会基础和群众基础，加强宪法实施的良好氛围，全面推进依法治国；有助于进一步推动宪法文化的形成，在国际社会树立尊重宪法的良好形象。

三、宪法宣誓制度

（一）宪法宣誓制度的确立及意义

党的十八届四中全会提出建立宪法宣誓制度。2015 年 7 月 1 日，第十二届全国人大常委会第十五次会议通过了《全国人民代表大会常务委员会关于实行宪法宣誓制度的决定》，以国家立法形式确立了我国的宪法宣誓制度。2018 年宪法修正案规定："国家工作人员就职时应当依照法律规定公开进行宪法宣誓。"宪法宣誓制度正式入宪。

宪法宣誓本身就是国家工作人员依法接受人民监督、向人民作出庄严承诺的过程，有助于国家工作人员信仰宪法、敬畏宪法，铭记自己的权力来源于人民、来源于宪法，生成忠于宪法、履行誓言的使命感，同时，有助于在全社会增强宪法意识、树立宪法权威。

（二）宪法宣誓的主体

宪法宣誓的主体，包括以下四类国家工作人员：一是由全国人大选举或决定任命的；二是由全国人大常委会任命或决定任命的，以及在全国人大闭会期间，由全国人大常委会任命或决定任命的；三是由国务院及其各部门、国家监察委员会、最高人民法院、最高人民检察院任命的；四是由地方各级人大及县级以上地方各级人大常委会选举或决定任命，以及地方各级人民政府、监察委员会、人民法院、人民检察院任命的。

（三）宪法宣誓的誓词

宪法宣誓的誓词为："我宣誓：忠于中华人民共和国宪法，维护宪法权威，履行法定职责，忠于祖国、忠于人民，恪尽职守、廉洁奉公，接受人民监督，为建设富强民主文明和谐美丽的社会主义现代化强国努力奋斗！"

（四）宪法宣誓形式

宣誓仪式根据情况，可以采取单独宣誓或者集体宣誓的形式。单独宣誓时，宣誓人应当左手抚按《中华人民共和国宪法》，右手举拳，诵读誓词。集体宣誓时，由一人领誓，领誓人左手抚按《中华人民共和国宪法》，右手举拳，领诵誓词；其他宣誓人整齐排列，右手举拳，跟诵誓词。

宣誓场所应当庄重、严肃，悬挂中华人民共和国国旗或者国徽。宣誓仪式应当奏唱中华人民共和国国歌。

负责组织宣誓仪式的机关，可以根据《全国人民代表大会常务委员会关于实行宪法宣誓制度的决定》并结合实际情况，对宣誓的具体事项作出规定。

 思考题

1. 在宪法宣传教育中如何阐释好宪法精神？

2. 国家工作人员如何进行宪法宣誓？

本节扫码答题

第六章

国家工作人员要学习遵守维护民法典

2020 年 5 月 28 日，《中华人民共和国民法典》由第十三届全国人大第三次会议表决通过，自 2021 年 1 月 1 日起施行。民法典是新时代社会主义法治建设的重大成果，在中国特色社会主义法律体系中占有重要地位，是一部固根本、稳预期、利长远的基础性法律，共 7 编加附则、84 章、1260 条，总字数逾 10 万，内容之广、定义之细，几乎涵盖到了人们日常生活方方面面，是一部人民权利的法律宝典，具有鲜明的中国特色、实践特色、时代特色。

习近平总书记强调：实施好民法典是坚持以人民为中心、保障人民权益实现和发展的必然要求，是发展社会主义市场经济、巩固社会主义基本经济制度的必然要求，是提高我们党治国理政水平的必然要求。民法典实施水平和效果，是衡量各级党和国家机关履行为人民服务宗旨的重要尺度。各级党和国家机关要带头宣传、推进、保障民法典实施，加强检查和监督，确保民法典得到全面有效执行。国家工作人员要自觉学习、遵守、维护民法典，充分发挥在学习宣传实施民法典中的示范引领作用，提高运用民法典维护人民权益、化解矛盾纠纷、促进社会和谐稳定能力和水平，让民法典走到群众身边、走进群众心里。

扫码学讲话

充分认识颁布实施民法典重大意义　依法更好保障人民合法权益

第一节　总则编基本知识及新知识要点

民法典总则编规定了民事活动必须遵循的基本原则和一般性规则，统领其他各分编。

扫码看原文

民法典总则编

要点 1　弘扬社会主义核心价值观

党的十八大以来，习近平总书记多次就培育和践行社会主义核心价值观作出重要论述、提出明确要求。习近平总书记指出，核心价值观，承载着一个民族、一个国家的精神追求，体现着一个社会评判是非曲直的价值标准。构建具有强大感召力的核心价值观，关系社会和谐稳定，关系国家长治久安。本次民法典编纂坚持鲜明的价值导向和道德取向，将"弘扬社会主义核心价值观"作为一项重要立法目的，使之在民法典的规范体系中具有了统领地位。总则编见义勇为免责和英烈保护的规定、婚姻家庭编男女平等的规定等，都反映了社会主义核心价值观的内在要求。

要点 2　民法的调整范围

民法调整平等主体的自然人、法人和非法人组织之间的人身关系和财产关系。就调整的主体来说，包括自然人、法人和非法人组织，三者地位平等。民法典新增"非法人组织"作为民事法律关系主体，赋予诸如个人独资企业、合伙企业等不具备法人资格的组织民事主体地位，有利于其开展民事活动，也与其他法律的规定相衔接。民法调整的民事关系分为两大类：

1.人身关系。民法调整的人身关系包括三类：（1）基于民事主体人格产生的人身关系。主要是自然人、法人、非法人组织的人格权，包括自然人的生命权、身体权、健康权、姓名权、肖像权、名誉权、荣誉权、隐私权、婚姻自主权等权利，法人、非法人组织的名称权、名誉权、荣誉权等权利。（2）基于民事主体一定身份产生的人身关系，如自然人基于亲属关系产生的亲权（夫妻之间、父母子女之间的身份权）、基于监护关系产生的监护权；民事主体基于知识产权获得的权利，如著作权、专利权、商标权中的人身权。（3）基于其他社会关系产生的身份权，如荣誉权。

2. 财产关系。财产关系主要表现为两种：一种是财产所有关系，另一种是财产流转关系。财产所有关系是民事主体在占有、使用、收益和处分物的过程中所发生的社会关系，表明财产的归属关系，体现财产归谁所有，以及其他人就该财产与财产权利人之间的利用关系。财产所有关系主要由民法中的物权制度来保障，体现了财产的静态的安全。财产流转关系是民事主体在转移物的过程中所发生的社会关系，包括物的流转关系、遗产流转关系以及其他财产流转关系。财产流转关系主要由民法中的债和合同制度来保障，体现了财产的动态的安全。以所有权为核心的物权制度和以合同为核心的债法制度，是民事法律制度的核心，是支撑市场经济的两大法律基石。

要点 3 ▶ 民法的基本原则

1. 平等原则。民事主体在民事活动中的法律地位一律平等。平等原则是民事法律关系区别于行政法律关系特有的原则，也是发展社会主义市场经济的客观要求。具体内容包括：自然人的民事权利能力一律平等；不同的民事主体参与民事法律关系，应适用同样的法律，具有平等的地位；民事主体产生、变更或消灭民事法律关系时必须平等协商，任何一方当事人都不得将自己的意志强加给另一方当事人；民事权利平等地受法律保护，任何人因他人的行为使自己的权利遭受损害，都有权要求他人承担责任。

2. 自愿原则。民事主体从事民事活动，应当遵循自愿原则，按照自己的意思设立、变更、终止民事法律关系。自愿原则，又称意思自治原则，体现了民事活动最基本的特征，其实质是民事主体根据自己的意愿从事民事活动并承担相应的法律后果。

3. 公平原则。民事主体从事民事活动，应当遵循公平原则，合理确定各方的权利和义务。公平原则体现了民法促进社会公平正义的基本价值，对规范民事主体的行为发挥着重要作用。

4.诚实信用原则。民事主体从事民事活动，应当遵循诚信原则，秉持诚实，恪守承诺。诚信原则作为民法最为重要的基本原则，被称为民法的"帝王条款"。民事主体在行使权利、履行义务过程中，要讲诚实、重诺言、守信用，正当行使权利和履行义务，这对建设诚信社会、规范经济秩序、引领社会风尚具有重要意义。

5.守法和公序良俗原则。

（1）民事主体从事民事活动不得违反法律。守法原则要求民事主体从事民事活动，应当自觉维护交易安全，应当遵守法律，不得损害他人合法权益；民事主体在行使权利的同时，应当履行法律规定的或者当事人约定的义务，承担相应责任。

（2）民事主体从事民事活动不得违背公序良俗。公序良俗包含两层意思：一是公共秩序，即政治、经济、文化等领域的基本秩序和根本理念；二是善良习俗，即基于社会主流道德观念的习俗，是全体社会成员所普遍认可、遵循的道德准则。公共秩序强调的是国家和社会层面的价值理念，善良习俗突出的是民间的道德观念，二者相辅相成，互为补充。民法典摒弃了民法通则"社会公德"和"社会公共利益"的概念，将公序良俗原则确立为民法基本原则，通过维护社会公共秩序与善良习俗，用法治的力量引导人民群众向上向善，是弘扬社会主义核心价值观的重要体现。

6.绿色原则。民事主体从事民事活动，应当有利于节约资源、保护生态环境。这是民法典新增的一项基本原则，是贯彻宪法关于保护环境规定的要求，同时也是落实党中央关于建设生态文明、实现可持续发展理念的要求，具有鲜明的时代特征，全面开启了环境资源保护的民法通道。绿色原则在民法典各编中都得到了贯彻，如物权编第 286、346 条，合同编第 509 条第 3 款，第 558、619、625 条，特别是在侵权责任编"环境污染和生态破坏责任"一章中，对相关民事法律责任作了详细规定。

要点 4 ▶ 处理民事纠纷的依据

处理民事纠纷，应当依照法律；法律没有规定的，可以适用习惯，但是不得违背公序良俗。

民事法律渊源包括法律和习惯。此处的法律是广义上的法律，习惯主要是指民间习俗和商业惯例。民法典首次将"习惯"规定为民法的法源，取代了原民法通则规定的"政策"。当然，这里的习惯不得违背公序良俗。

要点 5　民事权利能力和民事行为能力

1.民事权利能力。民事权利能力是指民事主体参与民事法律关系，享有民事权利、承担民事义务的法律资格。自然人的民事权利能力一律平等，始于出生、终于死亡。

由于胎儿尚未出生，并不是享有民事主体资格的自然人，但出于特殊保护胎儿的立法目的，民法典第16条规定，涉及遗产继承、接受赠与等胎儿利益保护的，胎儿视为具有民事权利能力。但是，胎儿娩出时为死体的，其民事权利能力自始不存在。

2.民事行为能力。民事行为能力是指民事主体独立参与民事活动，以自己的行为取得民事权利、承担民事义务的法律资格。

18周岁以上的自然人为完全民事行为能力人；16周岁以上的未成年人，以自己的劳动收入为主要生活来源的，视为完全民事行为能力人。8周岁以上的未成年人为限制民事行为能力人，实施民事法律行为由其法定代理人代理或者经其法定代理人同意、追认；但是，可以独立实施纯获利益的民事法律行为或者与其年龄、智力相适应的民事法律行为。不满8周岁的未成年人、不能辨认自己行为的成年人为无民事行为能力人，由其法定代理人代理实施民事法律行为。

随着经济社会的发展和生活教育水平的提高，现在儿童的心智水平和发育状况，远远高于以前同阶段的水平，民法典将限制民事行为能力人年龄下限标准由10周岁下调到8周岁，可以更好地尊重这一部分未成年人的自主意识，保护其合法权益。

要点 6　监护制度

监护，是指监护人对无民事行为能力人和限制民事行为能力人的人身、财产和其他一切合法权益进行监督、保护。民法典顺应时势，在尊重被监护人真

扫码看讲座

单位能不能做监护人

实意愿的基础上，按照最有利于被监护人的原则，健全了监护制度，使弱势群体的权利保护有法可循、依法化解，体现出法律的人文关怀。

民法典第 27 条、第 28 条对未成年人的监护人、无民事行为能力或者限制民事行为能力的成年人的监护人进行了规定。

此外，民法典第 29 条新增了遗嘱监护：被监护人的父母担任监护人的，可以通过遗嘱指定监护人。第 30 条新增了协议监护：依法具有监护资格的人之间可以协议确定监护人。协议确定监护人应当尊重被监护人的真实意愿。第 33 条新增了意定监护：具有完全民事行为能力的成年人，可以与其近亲属、其他愿意担任监护人的个人或者组织事先协商，以书面形式确定自己的监护人，在自己丧失或者部分丧失民事行为能力时，由该监护人履行监护职责。第 34 条新增了临时生活照料：因发生突发事件等紧急情况，监护人暂时无法履行监护职责，被监护人的生活处于无人照料状态的，被监护人住所地的居民委员会、村民委员会或者民政部门应当为被监护人安排必要的临时生活照料措施。

要点 7 ▶ 特别法人

机关法人、农村集体经济组织法人、城镇农村的合作经济组织法人、基层群众性自治组织法人，为特别法人。居民委员会、村民委员会具有基层群众性自治组织法人资格，可以从事为履行职能所需要的民事活动。

扫码看讲座

居委会、村委会能参与民事活动吗

民法典创新法人制度，在营利法人与非营利法人外增设特别法人，明确国家机关等特殊民事主体的地位和行权方式，有助于减少行政权力在市场经济活动中的越位风险，保障其成员和与其进行民事活动的相对人的合法权益。

要点 8 ▶ 数据、网络虚拟财产保护

为呼应大数据时代的要求，民法典将数据、虚拟财产等新型权益的保护纳入

立法层面。民法典第 127 条"法律对数据、网络虚拟财产的保护有规定的，依照其规定"的规定，为今后的立法、司法实践打开了空间，具有重要的意义。

要点 9 ▶ 见义勇为免责

见义勇为是中华民族的传统美德。民法典第183条规定：因保护他人民事权益使自己受到损害的，由侵权人承担民事责任，受益人可以给予适当补偿。没有侵权人、侵权人逃逸或者无力承担民事责任，受害人请求补偿的，受益人应当给予适当补偿。第184条规定：因自愿实施紧急救助行为造成受助人损害的，救助人不承担民事责任。民法典明确了见义勇为的责任承担、补偿和免责等问题，强化了对见义勇为行为的鼓励和保护，有利于弘扬社会正气。

要点 10 ▶ 英烈保护

侵害英雄烈士等的姓名、肖像、名誉、荣誉，损害社会公共利益的，应当承担民事责任。

要点 11 ▶ 诉讼时效延长

向法院请求保护民事权利的诉讼时效期间为 3 年。法律另有规定的，依照其规定。

要点 12 ▶ 成年后起诉性侵

未成年人遭受性侵害的损害赔偿请求权的诉讼时效期间，自受害人年满 18 周岁之日起计算。

 思考题

1. 民法的基本原则有哪些？

2. 如何判断民事法律行为是否有效？

本节扫码答题

第二节　物权编新知识要点

扫码看原文

民法典物权编

物权是民事主体依法享有的重要财产权。物权法律制度调整因物的归属和利用而产生的民事关系，是最重要的民事基本制度之一。按照党中央提出的完善产权保护制度，健全归属清晰、权责明确、保护严格、流转顺畅的现代产权制度的要求，民法典结合现实需要，进一步完善了物权法律制度。

要点 1　"疫情防控"属于征用财产的事由

征用是国家对组织和个人财产的强制使用。民法典在原物权法的基础上，结合防控新冠肺炎疫情的实际，增加了因疫情防控需要可依法征用财产的规定。因抢险救灾、疫情防控等紧急需要征用财产有严格的条件限制：（1）前提是发生紧急情况；（2）符合法律规定的权限和程序；（3）使用后应当将征用财产返还被征用人，并给予补偿，但通常不及于可得利益的损失。

要点 2　业主对共有部分的管理和收益权

以往实践中，有的物业服务企业等未经业主同意，擅自改变共有部分用途，如将共有部分的空间出租给快递公司，在小区电梯设置广告位、在业主共有道路上设置车位等，进行经营活动。民法典第278条增加规定"改变共有部分的用途或者利用共有部分从事经营活动"，是业主共同决定的事项，

扫码看讲座

小区车位归谁所有

对物业服务企业等利用建筑物共有部分谋取额外收益的行为进行了限制。

此外，民法典第282条新增规定了建筑物区分所有权共有部分收益的归属

规则，即建设单位、物业服务企业或者其他管理人等利用业主的共有部分产生的收入，在扣除合理成本之后，属于业主共有。

要点 3　公共维修资金的使用

以往实践中，按照原物权法规定的程序很难启动对公共维修资金的使用。民法典第278条规定，业主共同决定事项，应当由专有部分面积占比三分之二以上的业主且人数占比三分之二以上的业主参与表决。同时，降低"使用建筑物及其附属设施的维修资金"的表决门槛，同建筑区划内的一般性、常规性事项一致，符合两个条件即可：一是参与表决专有部分面积过半数的业主同意；二是参与表决人数过半数的业主同意。从而有效提高公共维修资金的利用率。

此外，民法典第281条还规定了紧急情况下使用公共维修资金的特别程序：紧急情况下需要维修建筑物及其附属设施的，业主大会或者业主委员会可以依法申请使用。

要点 4　"住改商"的条件

业主将住宅用途的房屋改为商业用房或办公用房等，会在一定程度上影响小区居住环境，给其他业主造成生活质量或房屋价值下降等诸多不利影响，极易引发社会矛盾和社会纠纷。民法典第279条强调了"住改商"的条件，规定：业主不得违反法律、法规以及管理规约，将住宅改变为经营性用房。业主将住宅改变为经营性用房的，除遵守法律、法规以及管理规约外，应当经有利害关系的业主一致同意。

要点 5　共有物处分或重大修缮、变更性质或用途

共有，是指多个权利主体对一物共同享有所有权，包括按份共有和共同共有。按份共有和共同共有的主要区别在于，共有人对共有的不动产或动产是否按照份额享有共有权。现实生活中经常出现不动产共有人私自改变不动产性质或用途的情况，民法典对此进行了规制，在原物权法规定的基础上增加了"变更性质或者用途"也应当与共有物处分或重大修缮一样，"经占份额三分之二以上的按份共有人或者全体共同共有人同意，但是共有人之间另有约定的除外"

的规定，有利于更好地保障共有人作为所有权人的变更权、处分权和决定权。

要点 6 土地经营权

党的十九大报告明确指出："巩固和完善农村基本经营制度，深化农村土地制度改革，完善承包地'三权'分置制度。""三权"即集体所有权、农户承包权、土地经营权。土地经营权从土地承包经营权中派生而来，赋予经营主体更有保障的土地经营权是完善农村基本经营制度的关键。2018年，农村土地承包法修改，

扫码看讲座

土地承包经营权可以出租、入股吗

将"三权"分置落实为民事法律制度。为适应"三权"分置后土地经营权入市的需要，民法典在物权编增加土地经营权的规定，并在第399条中与此相对应，删除原物权法中耕地使用权不得抵押的规定，承认了耕地抵押的合法性。

民法典第339条规定了土地经营权的流转规则，即土地承包经营权人可以自主决定依法采取出租、入股或者其他方式向他人流转土地经营权。

民法典第340条规定了土地经营权人的权利，即土地经营权人有权在合同约定的期限内占有农村土地，自主开展农业生产经营并取得收益。土地经营权是特殊的用益物权，土地经营权人在合同约定的期限内，除了占有、使用、收益的权利外，根据农村土地承包法的规定，还享有改良土壤、建设附属设施、再流转、以土地经营权融资担保等权利。

民法典第341条规定了土地经营权的设立规则是登记对抗主义：流转期限为5年以上的土地经营权，自流转合同生效时设立。当事人可以向登记机构申请土地经营权登记；未经登记，不得对抗善意第三人。这里的"善意"是指不知情。

要点 7 住宅建设用地使用权到期后的续期

住宅建设用地使用权到期后续期的法律安排，一直都是全社会关注的热点。民法典第359条在原物权法"住宅建设用地使用权期间届满的，自动续期"规定的基础上，新增"续期费用的缴纳或者减免，依照法律、行政法规的规定办理"的内容，使有恒产者有恒心。需要注意的是，只有法律和行政法规才可以决定住宅建设用地使用权到期自动续期的费用和期限问题。

要点 **8** 居住权

近年来住房保障问题受到广泛关注。居住权"入典",为进一步合理构建住房保障制度、满足人民稳定生活居住的需求提供了制度便利。

居住权是指居住权人对他人所有住宅的全部或者部分及其附属设施,享有占有、使用的权利。居住权可以通过合同或者遗嘱的方式设立,原则上无偿设立。居住权不得转让、继承。除另有约定外,也不得出租。设立居住权,应当向登记机构申请居住权登记。居住权自登记时设立。居住权期限届满或者居住权人死亡的,居住权消灭。

以案学法 4

老有所居:唐某三人诉俞某某返还原物纠纷案

案涉房屋原系唐某三人的父亲唐某某与母亲韩某某的夫妻共同财产。2007年,韩某某去世。2008年,唐某三人通过继承遗产及唐某某的房屋产权赠与,取得房屋所有权,并出具承诺书;承诺:父亲唐某某及其续弦未离世前,有终身无偿居住该房屋的权利,但此房唐某某及其续弦只能居住,无权处置(出租、出售、出借等),唐某三人无权自行处置该房产。后俞某某与唐某某结婚,共同居住该房屋。2016年1月,唐某某去世,64岁的俞某某仍居住在内。同年6月,唐某离婚,其以无房居住为由要求入住该房屋,遭俞某某拒绝。唐某三人提起诉讼,要求判令俞某某立即返还唐某三人名下的案涉房屋。最终,法院驳回唐某三人的诉讼请求。

【评析】本案涉及居住权问题,但纠纷发生时,我国法律并未对居住权作出规定。在此情况下,应充分尊重当事人的意思自治。本案中,物权人唐某某将房产赠与唐某三人,受赠人唐某三人承诺允许赠与人唐某某及其再婚配偶继续居住使用房屋至去世。根据当时法律规定,该承诺应视为赠与人作出赠与房产决定时所附的赠与义务,或称之为附条件的赠与。由于唐某三人在取得该房屋所有权时作出的承诺系其真实意思表示,且不违反法律的强制性规定,同时,俞某某不存在出租、出售、出借房屋等无权处置行为,故俞某某享有继续在该房屋居住的权利,唐某三人应按承诺履行义务,无权要求俞某某立即返还该房屋。这与新颁布实施的民法典关于居住权的相关精神一致,即不动产过户后,原物权人继续使用不动产,这种保留房屋居住使用权的赠与,可视为设立居住权的合同,新产权人亦无权单方撤销该合同。

居住权"入典"后,根据民法典的规定,设立居住权,不仅需要订立居住权合同,同时也应当及时去登记机构申请居住权登记,二者缺一不可,否则并不当然地享有居住权。

要点 9 ▶ 担保合同范围扩大

设立担保物权,应当依照民法典和其他法律的规定订立担保合同。民法典在原物权法规定的基础上,进一步完善了担保物权制度,明确融资租赁、保理等非典型担保合同的担保功能,在第388条增加规定担保合同包括抵押合同、质押合同和其他具有担保功能的合同,为优化营商环境提供法治保障。

要点 10 ▶ 流质条款的效力

流质条款,指债权人在订立质押合同时与出质人约定,债务人到期不履行债务时质押财产归债权人所有。质权,也称质押,是指为了担保债权的履行,债务人或第三人将其动产或权利移交债权人占有,当债务人不履行债务时,债权人就其占有的财产优先受偿的权利。流质,也称绝押,是指转移质物所有权的预先约定。原物权法、担保法均禁止当事人约定流质条款,主要是为了防止债权人利用债务人的不利境地和自己的强势地位牟取不当利益,保障出质人的合法利益。

民法典第428条明确了流质条款的效力,规定:质权人在债务履行期限届满前,与出质人约定债务人不履行到期债务时质押财产归债权人所有的,只能依法就质押财产优先受偿。表明当事人订立流质条款的,债务履行期限届满时,不发生质押财产所有权转移的效力,应当根据民法典规定的实现质权的方式就质押财产优先受偿,且优先受偿权以通过交付或者登记设立质权为前提。

思考题

1. 物权从什么时候发生效力？
2. 如何设立居住权？

本节扫码答题

第三节　合同编新知识要点

扫码看原文

民法典合同编

合同是民事主体之间设立、变更、终止民事法律关系的协议。合同制度是市场经济的基本法律制度。民法典合同编条文数占民法典条文总数的 40% 以上，在民法典中具有举足轻重的地位。合同编贯彻全面深化改革的精神，在系统总结我国合同立法经验的基础上，坚持维护契约、平等交换、公平竞争，使市场在资源配置中起决定作用，回应了我国经济生活、交易实践的需要。

要点 1　电子合同

扫码看讲座

电子合同怎么签才有效

1. 电子合同是书面合同的一种形式。民法典第 469 条第 3 款确认了电子合同作为书面合同的法律地位，即"以电子数据交换、电子邮件等方式能够有形地表现所载内容，并可以随时调取查用的数据电文"，视为书面形式。

2. 电子合同成立时间。民法典第 491 条第 2 款规定，当事人一方通过互联网等信息网络发布的商品或者服务信息符合要约条件的，对方选择该商品或者服务并提交订单成功时合同成立，但是当事人另有约定的除外。

要点 2　强制缔约义务

为了维护国家利益、社会公共利益或者照顾弱势一方利益等政策考量，民法典第494条将强制缔约义务作为一项基本民事制度进行总括性规定，在特定情形下对民法自愿原则予以了适当限制。

第494条第1款完善了国家订货合同制度：国家根据抢险救灾、疫情防控或者其他需要下达国家订货任务、指令性任务的，有关民事主体之间应当依照有关法律、行政法规规定的权利和义务订立合同。第2、3款规定了强制发出要约义务和强制作出承诺义务。强制作出承诺义务，是强制缔约义务中的典型类型。目前，我国法律、行政法规中对强制作出承诺义务的规定主要集中于具有公共服务属性的行业，这些行业与社会公众利益密切相关。例如，民法典第648条第2款"向社会公众供电的供电人，不得拒绝用电人合理的订立合同要求"、第810条"从事公共运输的承运人不得拒绝旅客、托运人通常、合理的运输要求"等都规定了相关强制缔约义务，加大了对弱势合同当事人的保护。

要点 3　预约合同

为了应对实践需求，民法典明确将预约合同作为一项基本的民事制度予以规定，适用于各种交易活动。根据民法典第495条的规定，当事人约定在将来一定期限内订立合同的认购书、订购书、预订书等，构成预约合同。当事人一方不履行预约合同约定的订立合同义务的，对方可以请求其承担预约合同的违约责任。

要点 4　格式条款

格式条款是当事人为了重复使用而预先拟定，并在订立合同时未与对方协商的条款。根据原合同法第39条及相关司法解释的规定，提供格式条款的一方对格式条款中免除或限制其责任的内容应予以说明。民法典第496条在此基础上作了两个方面的优化：一是进一步强化对格式条款相对方的保护，扩大格式条款提示和说明义务的适用范围，即提供格式条款的一方应当遵循公平原则确定当事人之间的

扫码看讲座

合同中的格式条款有效吗

权利和义务，并对所有与对方有重大利害关系的条款都应当履行提示和说明义务；二是明确未履行提示和说明义务的法律后果，即提供格式条款的一方未履行提示或者说明义务，致使对方没有注意或者理解与其有重大利害关系的条款的，对方可以主张该条款不成为合同的内容。

要点 5　未办理影响合同生效的批准等手续的法律后果

民法典第 502 条第 2 款专门对未办理批准等手续影响合同生效的情形作了规定，使合同中履行报批等义务条款以及相关条款独立生效：依照法律、行政法规的规定，合同应当办理批准等手续的，依照其规定。未办理批准等手续影响合同生效的，不影响合同中履行报批等义务条款以及相关条款的效力。"未办理批准等手续影响合同生效"是指只有办理了批准等手续，合同才能生效。而应当办理申请批准等手续的当事人未履行义务的，对方可以请求其承担违反该义务的责任，包括继续履行、赔偿损失等。

要点 6　情势变更制度

原合同法并未规定情势变更制度，民法典第 533 条从立法层面确认了情势变更制度，明确了情势变更的定义、适用情形以及法律效果。该条规定，合同成立后，合同的基础条件发生了当事人在订立合同时无法预见的、不属于商业风险的重大变化，继续履行合同对于当事人一方明显不公平的，受不利影响的当事人可以与对方重新协商。值得注意的是，不可抗力与情势变更并不冲突与排斥，不可抗力也可能构成情势变更的诱因。受不利影响的当事人可以与对方重新协商，在合理期限内协商不成的，可以请求法院或者仲裁机构变更或者解除合同。法院或者仲裁机构应当结合案件的实际情况，根据公平原则变更或者解除合同。

要点 7　助残性赠与合同不得任意撤销

为了解决虚假助残捐赠的问题，强化与残疾人有关的社会责任，切实在法律层面上保障残疾人的切身利益，民法典第 658 条将助残性赠与合同纳入不得任意撤销的范围，即"经过公证的赠与合同或者依法不得撤销的具有救灾、扶贫、助残等公益、道德义务性质的赠与合同"，不得任意撤销。该规定扩大了不得撤销的赠与合同的范围，体现了民法典在立法精神上对社会公益事业良好风尚的积极引导。

要点 8 ▶ 禁止高利放贷

近年来，"校园贷""套路贷"等乱象频出。继非法放贷正式入刑后，禁放高利贷被首次写入法律。民法典第 680 条规定：禁止高利放贷，借款的利率不得违反国家有关规定。借款合同对支付利息没有约定的，视为没有利息。借款合同对支付利息约定不明确，当事人不能达成补充协议的，按照当地或者当事人的交易方式、交易习惯、市场利率等因素确定利息；自然人之间借款的，视为没有利息。民法典在高利贷的问题上设立"红线"，一方面回应了现实需求，另一方面也为监管部门对高利贷进行规范和治理提供了法律依据，给地下钱庄、非法集资等非法金融行为敲响了警钟。民法典对借款利率仅作了概括性、原则性规定。

要点 9 ▶ 优先承租权

随着人口流动的加快，规范租赁市场、使优先承租权法定化成为历史的必然。为了保障人民群众的居住安定，民法典第 734 条第 2 款赋予承租人享有在租赁期限届满后以同等条件优先承租的权利，首次在立法中规定了房屋承租人享有优先承租权。法定优先承租权的行使包括几个要件：一是存在合法有效的租赁关系；二是出租人继续出租房屋；三是满足同等条件；四是在合理期限内主张。

要点 10 ▶ 保理合同

随着供应链金融的发展，保理业务在我国蓬勃发展，纠纷也随之增多，迫切需要对保理业务在法律上进行规范。为促进保理业务健康有序发展，解决中小企业融资难融资贵的问题，推动我国实体经济发展，增强我国企业"走出去"的国际竞争能力，民法典在合同编设专章规定了保理合同。

根据民法典第 761 条的规定，保理合同是应收账款债权人将现有的或者将有的应收账款转让给保理人，保理人提供资金融通、应收账款管理或者催收、应收账款债务人付款担保等服务的合同。保理合同应当采用书面形式，其内容一般包括业务类型、服务范围、服务期限、基础交易合同情况、应收账款信息、保理融资款或者服务报酬及其支付方式等条款。保理合同的具体规则，还需要在学习民法典过程中深刻领会并在实践中运用。

要点 11 ▶ 客运合同

近年来客运合同领域出现不少新问题，如旅客霸座、抢方向盘等严重干扰运输秩序、危害运输安全，承运人安全意识淡薄导致安全事故等。为维护正常的运输秩序，保护旅客人身财产安全，维护旅客合法权益，民法典对此进行了回应。第815条规定，旅客应当按照有效客票记载的时间、班次和座位号乘坐，同时明确实名制客运合同的旅客丢失客票的，可以要求承运人挂失补办，承运人不得再次收取票款和其他不合理费用；第819条规定，承运人应当严格履行安全运输义务，及时告知旅客安全运输应当注意的事项，旅客对承运人为安全运输所作的合理安排应当积极协助和配合。旅客霸座、抢方向盘、不配合承运人采取安全运输措施等问题，不全是民法问题，还可能涉及行政、刑事违法。

要点 12 ▶ 物业服务合同

当前，物业服务合同已成为一种具有普遍性、典型性、规则特殊性的合同类型，与广大业主的权益密切相关。为了更好地处理纠纷、规范物业秩序，民法典增加了物业服务合同，明确了业主和物业服务公司双方当事人的权利义务，特别是对物业服务合同中的业主单方解除权、前期物业服务合同、物业交接等突出问题作出了有针对性的规定。例如，面对实践中业主拒交物业费，物业服务人停止其水热电、严重威胁业主基本生存权的现象，民法典第944条第3款明确规定，物业服务人不得采取停止供电、供水、供热、供燃气等方式催交物业费。

思考题

1. 网上购物何时算买卖合同成立？

2. 格式条款无效的情形有哪些？

本节扫码答题

第四节　人格权编新知识要点

　　人格权是民事主体对其特定的人格利益享有的权利，是民事主体最基本、最重要的权利。保护人格权、维护人格尊严，是我国法治建设的重要任务。民法典坚持以人民为中心，在总则编民事权利一章首条即第 109 条专门明确"自然人的人身自由、人格尊严受法律保护"，并以此为基础，专设人格权编，规定了自然人和其他民事主体人格权的内容、边界和保护方式，为人格权保护奠定了坚实的法律基础。

扫码看原文

民法典人格权编

要点 1 ▶ 死者人格利益受保护

　　根据民法典第 13 条的规定，人格权作为一种民事权利，在自然人死亡后也自然终止。但是，死者的人格权终止，并不意味着其人格利益不受法律保护。对死者人格利益进行保护，是对死者人格尊严的尊重。为此，民法典第 994 条规定，死者的姓名、肖像、名誉、荣誉、隐私、遗体等受到侵害的，其配偶、子女、父母有权依法请求行为人承担民事责任；死者没有配偶、子女且父母已经死亡的，其他近亲属有权依法请求行为人承担民事责任。这里对死者人格利益的保护并非继承，民法典第 992 条规定，人格权不得放弃、转让或者继承。

　　侵害死者人格利益的行为，主要包括以下情形：未经许可而擅自使用死者的姓名、肖像等；以侮辱、诽谤、贬损、丑化等方式侵害死者的名誉、荣誉；以非法披露、利用等方式侵害死者的隐私和个人信息；以非法利用、损害等方式侵害死者的遗体（包括尸体、尸骨、骨灰）等。

要点 2 ▶ 违约精神损害赔偿

　　长久以来，想要主张精神损害赔偿，往往只能通过侵权之诉。然而一些如旅游、婚庆、医疗、殡葬等与人身权益紧密结合、以精神利益为目的的合同，在违约的情形下也可能导致精神损害。为了拓展精神损害的救济方法，加强人格权保护，民法典第 996 条明确"因当事人一方的违约行为，损害对方人格权并造成严重精神损害，受损害方选择请求其承担违约责任的，不影响受损害方请求精神损害赔偿"，为违约精神损害赔偿提供了法律依据。适用本条规定的前提，首先是当事人一方的违约行为不仅损害了对方的财产权益，而且损害了对方的人格权并造成了严重的精神损害；其次是受损害方选择了违约之诉，如果选择的是侵权之诉，则直接按照民法典第 1183 条第 1 款侵权之诉的规定，无须适用本条。受损害方选择违约之诉时，可以在违约之诉中直接提出精神损害赔偿的诉讼请求。

要点 3　人格权侵害禁令制度

民法典第 997 条新增了人格权侵害禁令制度。作为民事主体在诉前或诉中向法院申请采取责令行为人停止有关行为措施的实体法基础，该制度填补了我国针对侵害人格权行为的禁令保护制度的立法空白。根据该规定，人格权侵害禁令申请应考虑以下因素：一是申请人请求保护的权利是否属于其依法享有的人格权；二是是否有证据证明被申请人正在实施或者即将实施的行为具有侵害申请人人格权的较大可能性；三是如不及时制止相关行为是否将使申请人合法权益受到难以弥补的损害；四是作出禁令是否会造成申请人与被申请人之间的利益失衡或损害社会公共利益。

以案学法 5

人格权侵害禁令首案：某房地产公司申请人格权侵害禁令案

李某购买了某房地产公司开发的房产，房屋尚未交付。2020 年 5 月至 8 月，李某通过自己注册的自媒体公众号陆续发布了 10 篇涉及某房地产公司的文章，文章中出现了过激性不文明用语。2020 年 10 月，某房地产公司以李某侵害其名誉权为由向广州互联网法院提起诉讼。诉讼中，上述 10 篇文章被自媒体平台删除，之后李某又通过该公众号发布多篇文章，内容主要是对其购房遭遇的描述和对房产质量的主观感受，其中包含一些情绪化用语。某房地产公司于 2021 年 1 月 4 日向法院申请人格权侵害禁令，请求禁止李某在某自媒体平台发布／重复发布侵害该公司名誉权的文章、言论。

【评析】本案中，某房地产公司作为法人，依法享有名誉权，有权提出人格权侵害禁令申请。虽然李某发布的 10 篇文章中存在针对该公司的过激言论及不文明用语，但文章已被删除。从新发内容来看，仍属购房者对购房体验和感受的主观描述，出于维权目的而发布的可能性较大，不同于故意捏造事实、恶意诽谤，该公司应予以必要的容忍。此外，李某发布的涉案言论影响范围有限，不及时制止，给该公司造成难以弥补的损害的可能性较小，故不具有作出禁令的现实紧迫性。作出禁令可能会造成当事人利益的失衡，也可能给社会公共利益带来不利影响。因此，某房地产公司的禁令申请不符合法定条件。法院依法裁定驳回申请人某房地产公司的申请。

要点 4 ▶ 人体捐献

当前我国器官捐献、遗体捐赠正处于稳步发展阶段。为了发扬人道主义精神，引导民众移风易俗，给人体捐献提供有序的、符合伦理标准且可接受的框架，为有关规定提供效力层级较高的规范基础，民法典对人体捐献予以规定，并设定了严格的条件。根据民法典第 1006、1007 条规定，完全民事行为能力人享有捐献或不捐献其人体细胞、人体组织、人体器官、遗体的自主决定权；人体捐献的意愿必须真实合法，任何组织或者个人不得强迫、欺骗、利诱捐献；同意捐献的，应当采用书面形式，也可以订立遗嘱，且有权撤销；自然人生前未表示不同意捐献的，该自然人死亡后，其配偶、成年子女、父母可以共同决定捐献，决定捐献应当采用书面形式；禁止以任何形式买卖人体细胞、人体组织、人体器官、遗体。

要点 5 ▶ 人体临床试验

人体临床试验是确保新药、医疗器械等有效性和安全性必不可少的环节，对促进医疗科研事业的发展意义重大。为了保护人的生命和健康，维护受试者的人格尊严，尊重和保护受试者的合法权益，促进人体临床试验的规范开展，民法典第 1008 条规定，为研制新药、医疗器械或者发展新的预防和治疗方法，需要进行临床试验的，应当依法经相关主管部门批准并经伦理委员会审查同意，向受试者或者受试者的监护人告知试验目的、用途和可能产生的风险等详细情况，并经其书面同意。进行临床试验的，不得向受试者收取试验费用。

要点 6　规范基因编辑等医学和科研活动

高科技高风险，为了阻却基因编辑等医学和科研活动对人格权和伦理道德、公共利益带来的风险，民法典第 1009 条明确规定，从事与人体基因、人体胚胎等有关的医学和科研活动，应当遵守法律、行政法规和国家有关规定，不得危害人体健康，不得违背伦理道德，不得损害公共利益。

要点 7　性骚扰的认定和防范

扫码看讲座

性骚扰会影响受骚扰者的学习、工作和生活，侵害其人格尊严、自由，损害其形象和自尊。民法典第 1010 条对性骚扰问题予以回应，明确了性骚扰的认定标准，规定了相应单位的义务，对于引领我国反性骚扰法律规范建设具有重大意义。根据第 1010 条的规定，行为人违背他人意愿，以言语、文字、图像、

学校等单位应采取哪些措施禁止性骚扰

肢体行为等方式对他人实施性骚扰的，受害人有权依法请求行为人承担民事责任。此外，机关、企业、学校等单位应当采取合理的措施，防止和制止利用职权、从属关系等实施性骚扰，这些措施包括事前的预防、事中的受理投诉和事后的调查处置各个层面。

要点 8　隐私权和个人信息保护

1. 隐私定义和隐私权保护。民法典第 1032 条第 2 款规定，隐私是自然人的私人生活安宁和不愿为他人知晓的私密空间、私密活动、私密信息。隐私权是一种重要的人格权，是自然人所享有的对其隐私人格利益给予保护的权利。

民法典第 1032 条第 1 款规定，任何组织或者个人不得以刺探、侵扰、泄露、

公开等方式侵害他人的隐私权。为进一步加强对隐私权的保护，民法典第1033条对侵害他人隐私权的主要行为作出禁止性规定。除法律另有规定或者权利人明确同意外，任何组织或者个人不得实施下列行为：（1）以电话、短信、即时通讯工具、电子邮件、传单等方式侵扰他人的私人生活安宁；（2）进入、拍摄、窥视他人的住宅、宾馆房间等私密空间；（3）拍摄、窥视、窃听、公开他人的私密活动；（4）拍摄、窥视他人身体的私密部位；（5）处理他人的私密信息；（6）以其他方式侵害他人的隐私权。

2. 个人信息的定义和保护。个人信息不仅包括隐私信息，还包括可以公开的非隐私信息。相对于隐私的私密性，个人信息更体现识别性。根据民法典第1034条的规定，其主要包括自然人的姓名、出生日期、身份证件号码、生物识别信息、住址、电话号码、电子邮箱、健康信息和行踪信息等。个人信息中的私密信息，适用有关隐私权的规定；没有规定的，适用有关个人信息保护的规定。此外，民法典还对处理个人信息的原则、免责情形以及信息处理者对个人信息安全保护义务等进行了规定。

扫码看讲座

如何防上个人信息过滥收集

3. 国家机关、承担行政职能的法定机构及其工作人员对隐私和个人信息负有保密义务。根据民法典第1039条的规定，上述单位及其工作人员对于履行职责过程中知悉的自然人的隐私和个人信息不但应当予以保密，不得泄露或者向他人非法提供，还要采取有力措施确保自然人的隐私、信息不被泄露、不被公开。

思考题

1. 如何主张违约精神损害赔偿？

2. 哪些行为会侵犯他人隐私权？

本节扫码答题

第五节 婚姻家庭编新知识要点

婚姻家庭法律制度是规范婚姻关系和家庭关系的基本准则。民法典以原婚姻法、收养法为基础，在坚持婚姻自由、一夫一妻、男女平等等基本原则的前提下，结合社会发展需要，修改完善了部分规定，并增加了新的法律规定。

扫码看原文

民法典婚姻家庭编

要点 1 儿童利益最大化原则

为了更好地维护未成年人的合法权益，民法典将联合国《儿童权利公约》中的儿童利益最大化原则落实到婚姻家庭编中。例如，针对收养工作，第 1044 条第 1 款规定，收养应当遵循最有利于被收养人的原则，保障被收养人和收养人的合法权益。在父母离婚子女抚养问题的处理上，第 1084 条第 3 款规定，由法院"按照最有利于未成年子女的原则判决"。

要点 2 禁止结婚的情形

结婚主要取决于男女双方的感情，是否和有疾病的人结婚，应是当事人自主决定的事情。为尊重当事人的婚姻自主权，婚姻家庭编不再将"患有医学上认为不应当结婚的疾病"作为禁止结婚的情形，民法典第 1048 条只规定了"直系血亲或者三代以内的旁系血亲禁止结婚"。

要点 3 可撤销婚姻制度的完善

1.撤销婚姻效力的请求权的期限是1年，民法典第1052条第2款将受胁迫一方请求撤销婚姻的期限起算点，由原婚姻法规定的"自结婚登记之日起"修改为"自胁迫行为终止之日起"，以更好地保护受胁迫方的利益。

2.患有重大疾病未告知成为可撤销婚姻的情形。民法典第1053条第1款规定，一方患有重大疾病的，应当在结婚登记前如实告知另一方；不如实告知的，另一方可以向人民法院请求撤销婚姻。

扫码看讲座

3. 婚姻无效或者被撤销，通常会给无过错方带来极大伤害，为此，民法典第 1054 条第 2 款规定，婚姻无效或者被撤销的，无过错方有权请求损害赔偿。

婚姻无效或被撤销，无过错方是否有权索赔

要点 4　夫妻日常家事代理权

为了方便经济交往和婚姻家庭生活，保护夫妻双方和相对人的合法权益，维护社会交易安全，有必要赋予夫妻双方日常家事代理权。民法典第 1060 条第 1 款规定，夫妻一方因家庭日常生活需要而实施的民事法律行为，对夫妻双方发生效力，但是夫妻一方与相对人另有约定的除外。据此，夫妻日常家事代理权的行使范围仅限于"因家庭日常生活需要而实施的民事法律行为"，主要是指为满足正常夫妻共同生活和家庭生活所必需的，非属人身性的一切事务。

要点 5　夫妻共同债务

原婚姻法没有对夫妻共同债务的范围作出规定。民法典吸收司法解释关于夫妻共同债务认定的规定，在第 1064 条规定了三类比较重要的夫妻共同债务：一是基于共同意思表示所负的夫妻共同债务，即俗称的"共债共签"；二是为

扫码看讲座

家庭日常生活需要所负的夫妻共同债务，这是对夫妻日常家事代理权的再次强调，夫妻一方在婚姻关系存续期间以个人名义超出家庭日常生活需要所负的债务，不属于夫妻共同债务；三是债权人能够证明的夫妻共同债务。此外，夫妻共同侵权所负的债务、因被监护人侵权所负的债务，也都属于夫妻共同债务。

夫妻债务应该如何承担

要点 6 ▶ 亲子关系异议之诉

亲子关系对婚姻家庭关系影响巨大，更可能涉及未成年人合法权益的保护，民法典对亲子关系异议之诉进行了规范。第 1073 条规定：对亲子关系有异议且有正当理由的，父或者母可以向人民法院提起诉讼，请求确认或者否认亲子关系。对亲子关系有异议且有正当理由的，成年子女可以向人民法院提起诉讼，请求确认亲子关系。该条没有规定成年子女可以诉请法院否认亲子关系，是要防止成年子女对抚养自己长大的人以不是亲生父或母为由不尽赡养义务。而如果成年子女确认了其他人为自己的父或母，实际上也就否认了抚养自己长大的人为亲生的父或母，但是赡养义务并不免除。

要点 7 ▶ 离婚冷静期

为防止轻率离婚，民法典第1077条设置了当事人提交离婚登记申请之日起30日的离婚冷静期。在此期间，任何一方都可以向登记机关撤回离婚登记申请。此期间届满后30日内，双方没有亲自到婚姻登记机关申请发给离婚证的，视为撤回离婚登记申请。离婚冷静期届满，当事人仍坚持离婚，双方应当在离婚冷静期届满后的30日内，亲自到婚姻登记机关申请发给离婚证。婚姻登记机关查明双方确实是自愿离婚，并已对子女抚养、财产以及债务处理等事项协商一致的，予以登记，发给离婚证。

要点 8 ▶ 夫妻共同财产分割照顾无过错方

现实生活中因过错方导致离婚的情况较为突出。为加大对婚姻中过错方的惩罚力度，民法典第 1087 条第 1 款就夫妻共同财产分割新增照顾无过错方权益的原则：离婚时，夫妻的共同财产由双方协议处理；协议不成的，由人民法院根据财产的具体情况，按照照顾子女、女方和无过错方权益的原则判决。这意味着法院可以依据该原则，酌情确定对过错方予以少分财产。

要点 9 ▶ 家务劳动经济补偿权

原婚姻法规定，离婚时给予家务劳动补偿限于夫妻双方为分别财产制的情形。由于我国采取分别财产制的家庭很少，导致此规定适用范围有限。为了充分尊重家务劳动的付出，加强对家庭负担较多义务一方权益的保护，民法典第1088条规定，将采用法定共同财产制的夫妻付出的家务劳动，也纳入离婚经济补偿的范围。夫妻一方因抚育子女、照料老年人、协助另一方工作等负担较多义务的，离婚时有权向另一方请求补偿，另一方应当给予补偿。具体办法由双方协议；协议不成的，由法院判决。

要点 10　离婚损害赔偿兜底条款

原婚姻法规定，因存在重婚，有配偶者与他人同居，实施家庭暴力，虐待、遗弃家庭成员导致离婚的，无过错方有权请求损害赔偿。这条规定没有兜底条款。实践中，除上述情形外，还有其他因一方重大过错导致离婚的情形。无过错方受到伤害，也应有权请求损害赔偿。因此，民法典第1091条增加规定兜底条款，将"有其他重大过错"规定为离婚损害赔偿的适用情形。离婚损害赔偿，既包括财产损害赔偿，也包括人身损害和精神损害赔偿。

要点 11　收养条件的完善

民法典对收养条件进行了完善：（1）扩大了被收养人的范围，规定符合条件的未成年人均可被收养，不再限于不满14周岁。民法典第1093条规定，以下未成年人可以被收养：丧失父母的孤儿；查找不到生父母的未成年人；生父母有特殊困难无力抚养的子女。（2）放宽收养人的子女情况，第1098条将"无子女或者只有一名子女"作为收养人的条件之一，不再要求收养人必须无子女。（3）为进一步加强对被收养人利益的保护，在第1098条增加"无不利于被收养人健康成长的违法犯罪记录"作为收养人的必要条件。（4）为体现对不同性别被收养人的同等保护，民法典第1102条改变原收养法的规定，明确无配偶者收养异性子女的，收养人与被收养人的年龄应当相差40周岁以上。可见，单身女性收养男孩也需要年龄至少相差40周岁。

要点 12　收养评估

为了体现最有利于被收养人的收养原则，民法典第1105条第5款增加收养评估的规定，县级以上人民政府民政部门应当依法进行收养评估。

思考题

1. 哪些债务不属于夫妻共同债务？

2. 收养的条件有哪些？

本节扫码答题

第六节　继承编新知识要点

扫码看原文

继承制度是关于自然人死亡后财富传承的基本制度。民法典在原继承法的基础上，修改完善了继承制度，以满足人民群众处理遗产的现实需要。

民法典继承编

要点 1　继承权丧失

1.完善丧失继承权的情形。民法典第 1125 条第 1 款规定的丧失继承权的法定事由包括：（1）故意杀害被继承人；（2）为争夺遗产而杀害其他继承人；（3）遗弃被继承人，或者虐待被继承人情节严重；（4）伪造、篡改、隐匿或者销毁遗嘱，情节严重；（5）以欺诈、胁迫手段迫使或者妨碍被继承人设立、变更或者撤回遗嘱，情节严重。其中，（4）的"隐匿"和（5）是民法典的新增内容。

扫码看讲座

丧失继承权的继承人悔改后还有继承权吗

2.继承权的恢复。民法典中丧失继承权并非永久制，第1125条第2款规定，继承人有上述（3）（4）（5）的行为，确有悔改表现，被继承人表示宽恕或者事后在遗嘱中将其列为继承人的，该继承人不丧失继承权。

3.继承权丧失的事由准适用于受遗赠权的丧失。民法典第1125条第3款规定，受遗赠人有第

1125条第1款规定行为的，丧失受遗赠权。需要注意的是，丧失受遗赠权属于绝对丧失，不得再恢复。

要点 2　被代位继承人范围扩大

根据原继承法规定，被代位继承人仅限于被继承人的子女，代位继承人仅限于被继承人子女的直系晚辈血亲。民法典扩大了被代位继承人的范围，被继承人的兄弟姐妹也成为被代位继承人。第 1128 条第 2 款规定，被继承人的兄弟姐妹先于被继承人死亡的，由被继承人的兄弟姐妹的子女代位继承。

要点 3　新的遗嘱形式

1.打印遗嘱。民法典第 1136 条将打印遗嘱规定为一种新的遗嘱形式，明确打印遗嘱应当有两个以上见证人在场见证，遗嘱人和见证人应当在遗嘱每一页签名，注明年、月、日。打印遗嘱实质上是一种书面遗嘱。

扫码看讲座

立有多份遗嘱，以哪份遗嘱为准

2.录音录像遗嘱。民法典第 1137 条规定，以录音录像形式立的遗嘱，应当有两个以上见证人在场见证，遗嘱人和见证人应当在录音录像中记录其姓名或者肖像，以及年、月、日。无论是录音遗嘱还是录像遗嘱，遗嘱人都应亲自表达遗嘱内容，不能由他人转述。

要点 4　遗嘱的撤回

民法典首次引入遗嘱撤回的概念，取代了原继承法中遗嘱撤销的概念。遗嘱人可以于遗嘱设立后的任何时间撤回，不必征得任何人的同意。撤回遗嘱的方式有两种：一种是第 1142 条第 1 款的明示方式，遗嘱人以明确的意思表示撤回遗嘱。另一种是第 1142 条第 2 款的推定方式，即立遗嘱后，遗嘱人实施与遗嘱内容相反的民事法律行为的，视为对遗嘱相关内容的撤回。需要注意的是，如果遗嘱人的行为并非出于自己的意愿，不构成对遗嘱的撤回。

要点 5 ▶ **公证遗嘱不再具有优先效力**

民法典第 1142 条第 3 款保留了原继承法"立有数份遗嘱,内容相抵触的,以最后的遗嘱为准"的规定,删去了公证遗嘱效力优先的内容。

要点 6 ▶ **遗产管理人制度**

为确保遗产得到妥善管理、顺利分割,更好地维护继承人、债权人利益,民法典增加规定了遗产管理人制度。

1. 担任遗产管理人的主体。根据民法典第 1145、1146 条的规定,担任遗产管理人的主体有:第一,遗嘱执行人。继承开始后,遗嘱执行人为遗产管理人。第二,由继承人推选的遗产管理人。没有遗嘱执行人的,继承人应当及时推选遗产管理人。第三,继承人共同担任遗产管理人。继承人未推选的,由继承人共同担任遗产管理人。第四,民政部门或者村民委员会担任遗产管理人。没有继承人或者继承人均放弃继承的,由被继承人生前住所地的民政部门或者村民委员会担任遗产管理人。第五,法院指定的遗产管理人。对遗产管理人的确定有争议的,利害关系人可以向法院申请指定遗产管理人。

2. 遗产管理人职责。民法典第 1147 条规定,遗产管理人应当履行下列职责:(1)清理遗产并制作遗产清单;(2)向继承人报告遗产情况;(3)采取必要措施防止遗产毁损、灭失;(4)处理被继承人的债权债务;(5)按照遗嘱或者依照法律规定分割遗产;(6)实施与管理遗产有关的其他必要行为。遗产管理人应当依法履行职责,因故意或者重大过失造成继承人、受遗赠人、债权人损害的,应当承担民事责任。遗产管理人可依法或依约定获得报酬。

要点 7 ▶ **扩大遗赠扶养人范围**

遗赠扶养制度是具有中国特色的法律制度。民法典第 1158 条在原继承法基础上,将遗赠扶养人的范围扩大到"继承人以外的组织或者个人",以适应我国养老形式多样化的需要。自然人可以与继承人以外的组织或者个人签订遗赠扶养协议。按照协议,该组织或者个人承担该自然人生养死葬的义务,享有受遗赠的权利。遗赠扶养协议具有效力优先性。需要注意的是,法定继承人不能与被继承人签订遗赠扶养协议。

要点 8 **无人继承遗产的归属**

民法典第 1160 条规定了无人继承又无人受遗赠的遗产的归属：（1）归国家所有，用于公益事业；（2）死者生前是集体所有制组织成员的，归所在集体所有制组织所有。

要点 9 **完善债务清偿、缴纳税款规则**

为保护债权人利益，保障国家税收应收尽收，民法典第 1163 条在继承法司法解释相关内容的基础上，删除清偿债务的前提限制（遗产已被分割而未清偿债务时），增加了在既有法定继承又有遗嘱继承、遗赠的情形下的税款缴纳规则，规定由法定继承人清偿被继承人依法应当缴纳的税款和债务，超过法定继承遗产实际价值部分，由遗嘱继承人和受遗赠人按比例以所得遗产清偿。

思考题

1. 遗嘱的形式有几种，效力有何区别？

2. 签订遗赠扶养协议要注意什么？

本节扫码答题

第七节 侵权责任编新知识要点

侵权责任是民事主体侵害他人权益应当承担的法律后果，是民事基本法律制度。民法典以原侵权责任法为基础，总结实践经验，针对侵权领域出现的新情况，吸收借鉴相关意见和做法，对侵权责任制度作了必要的补充和完善。

扫码看原文

民法典侵权责任编

要点 1　自甘风险

实践中，参加对抗性、风险性较强的体育等活动容易发生受伤等情况，对于伤害由谁承担责任经常产生纠纷。为此，民法典第1176条确立"自甘风险"规则：自愿参加具有一定风险的文体活动，因其他参加者的行为受到损害的，受害人不得请求其他参加者承担侵权责任；但是，其他参加者对损害的发生有故意或者重大过失的除外。活动组织者在责任承担上适用安全保障义务的规定。

🔍 以案学法 6

"自甘风险"：宋某诉周某侵害健康权案

70多岁的宋某为羽毛球爱好者，自2015年起就自发参加羽毛球比赛。2020年4月28日，宋某与周某和其他四名羽毛球爱好者于某公园进行羽毛球3对3比赛，在比赛过程中，周某不慎将羽毛球击中宋某的右眼。事发后，宋某在周某陪同下前往医院进行治疗。宋某右眼被诊断为人工晶体脱位、前房积血等，宋某以侵害其健康权为由，将周某诉至法院，要求赔偿医疗费、护理费、住院伙食补助费等各项费用。

【评析】羽毛球运动作为典型的对抗性体育运动项目，属于民法典第1176条规定中的"有一定风险的文体活动"。宋某作为参加多年羽毛球比赛的羽毛球爱好者，对于比赛过程中可能出现的扭伤、拉伤以及最常见的被羽毛球击中的风险，应当有所认知和预见，但其仍然自愿参加比赛，应当认定为"自甘风险"。此外，周某在高度紧张的比赛中没有过多的时间考虑、判断自身每一次的行为，而在这种情况下的注意义务应限定在较一般注意义务更宽松的体育道德和规则范围内，因此，周某杀球进攻的行为应当判定为该类运动的正常技术动作，不存在明显违反比赛规则的情形，不属于重大过失。根据民法典和《最高人民法院关于适用〈中华人民共和国民法典〉时间效力的若干规定》第16、28条的规定，2021年1月4日，法院一审判决驳回了宋某的全部诉讼请求。

要点 2 ▶ 自助行为

民法典第 1177 条新增"自助行为"制度，赋予自然人在一定条件下的自我保护权利，同时也对这种行为进行规范：合法权益受到侵害，情况紧迫且不能及时获得国家机关保护，不立即采取措施将使其合法权益受到难以弥补的损害的，受害人可以在保护自己合法权益的必要范围内采取扣留侵权人的财物等合理措施；但是，应当立即请求有关国家机关处理。受害人采取的措施不当造成他人损害的，应当承担侵权责任。

要点 3 ▶ 人身损害赔偿数额确定标准

对于侵害人身权益造成财产损失的赔偿数额的确定，原侵权责任法采用损失填平原则，即赔偿是为弥补被侵权人的损失；若被侵权人的损失难以确定，则按照侵权人获得的利益为标准进行赔偿。为有效规制实践中损失小、获利大的侵权行为，民法典第 1182 条采取"按照被侵权人因此受到的损失或者侵权人因此获得的利益赔偿"的表述，所受损失标准和所获利益标准再无适用上的先后顺序，由被侵权人自行选择，以更好地保障被侵权人的人身权益。

要点 4 ▶ 侵害特定物的精神损害赔偿

民法典第 1183 条第 2 款对"具有人身意义的特定物"上的精神利益保护作出规定：因故意或者重大过失侵害自然人具有人身意义的特定物造成严重精神损害的，被侵权人有权请求精神损害赔偿。实践中主要涉及的物品类型为：（1）与近亲属死者相关的特定纪念物品，如遗像、墓碑、骨灰盒、遗物等；（2）与结婚礼仪相关的特定纪念物品，如录像、照片等；（3）与家族祖先相关的特定纪念物品，如祖坟、族谱、祠堂等。

要点 5 ▶ 惩罚性赔偿的适用

惩罚性赔偿是侵权人给付被侵权人超过其实际受损数额的一种金钱赔偿。

1.新增知识产权惩罚性赔偿。民法典第 1185 条规定，故意侵害他人知识产权，情节严重的，被侵权人有权请求相应的惩罚性赔偿。

2.新增产品责任惩罚性赔偿。民法典第1207条规定，生产者和销售者明知产品存在缺陷仍然生产、销售，或者没有依据第1206条的规定采取有效补救措施，造成他人死亡或者健康严重损害的，被侵权人有权请求相应的惩罚性赔偿。

3.新增环境侵权惩罚性赔偿。民法典第1232条规定，侵权人违反法律规定故意污染环境、破坏生态造成严重后果的，被侵权人有权请求相应的惩罚性赔偿。

要点 6 因提供劳务造成他人损害和第三人侵权的责任

民法典第1192条第1款对提供劳务一方造成他人损害，接受劳务一方承担责任后，向有故意或者重大过失的提供劳务一方的追偿权进行了明确。提供劳务一方因劳务受到损害的，双方根据各自的过错承担相应责任。

扫码看讲座

钟点工或保姆在工作中受伤，雇主是否应当给予赔偿

民法典第1192条第2款对提供劳务一方因第三人的行为受到损害的责任承担进行了规定。提供劳务期间，因第三人的行为造成提供劳务一方损害的，提供劳务一方有选择权，可以请求第三人承担侵权责任，也可以请求接受劳务一方给予补偿。接受劳务一方补偿后，可以向第三人追偿。

要点 7 网络侵权责任

1.完善"通知—取下"制度。民法典第1195条进一步明确了权利人通知网络服务提供者的内容，"通知应当包括构成侵权的初步证据及权利人的真实身份信息"；增加了网络服务提供者及时转送通知以及应根据构成侵权的初步证据和服务类型采取必要措施的义务，未及时采取必要措施的，对损害的扩大部分与该网络用户承担连带责任；明确权利人错误通知造成网络用户和网络服务提供者损害的，应承担侵权责任。

2.新增"反通知制度"。民法典第1196条规定，网络用户接到转送的通知后，可以向网络服务提供者提交不存在侵权行为的声明。声明应当包括不存在侵权行为的初步证据及网络用户的真实身份信息。对此，网络服务提供者有转送权利人的义务。如果权利人在合理期限内没有向有关部门投诉或者向法院起诉，网络服务提供者应当及时终止所采取的措施。

要点 8 ▶ 好意同乘的责任承担

民法典第 1217 条明确了好意同乘下责任的承担问题。该条规定，非营运机动车发生交通事故造成无偿搭乘人损害，属于该机动车一方责任的，应当减轻其赔偿责任，但是机动车使用人有故意或者重大过失的除外。

要点 9 ▶ 规范医患关系与患者隐私、个人信息保护

为缓解医患矛盾，防止"医闹"、暴力事件，构建和谐医患关系，民法典在原侵权责任法的基础上回应了实践需求。一是进一步保障患者的知情同意权，第 1219 条要求医务人员及时对患者"具体说明"医疗风险和替代医疗方案等，并取得患者的"明确"同意。二是减轻患者的举证责任，第 1222 条明确规定患者所受损害需要在诊疗活动中，同时将遗失及违法销毁病历资料情形新增作为推定医疗机构有过错的法定事由。三是加强患者隐私和个人信息保护，第 1226 条规定，医疗机构及其医务人员应当对患者的隐私和个人信息保密，且承担侵权责任不以造成患者损害后果为前提。四是提升对医务人员的权益保护，第 1228 条增加了"侵害医务人员合法权益的"，应承担法律责任。

要点 10 ▶ 生态环境修复责任和生态环境损害赔偿责任

民法典第 1234 条规定了生态环境修复责任。生态环境修复责任承担有两种方式：一是国家规定的机关或者法律规定的组织有权请求侵权人在合理期限内承担修复责任。二是侵权人在期限内未修复的，国家规定的机关或者法律规定的组织可以自行或者委托他人进行修复，所需费用由侵权人负担。

民法典第 1235 条就生态环境损害赔偿责任作出了规定，尤其明确了相关损失和费用的赔偿范围：（1）生态环境受到损害至修复完成期间服务功能丧失导致的损失；（2）生态环境功能永久性损害造成的损失；（3）生态环境损害调查、鉴定评估等费用；（4）清除污染、修复生态环境费用；（5）防止损害的发生和扩大所支出的合理费用。

要点 11 　建筑物抛物坠物责任承担

扫码看讲座

　　为了守护"头顶上的安全"，民法典第1254条调整从建筑物抛物坠物造成他人损害的责任规则和补偿规则。一是明确禁止从建筑物中抛掷物品。二是规定从建筑物中抛掷物品或者从建筑物上坠落的物品造成他人损害的，由侵权人依法承担侵权责任。三是规定经调查难以确定具体侵权人的，除能

物业公司应采取哪些措施
防止高空抛物

够证明自己不是侵权人的外，由可能加害的建筑物使用人给予补偿。可能加害的建筑物使用人补偿后，有权向侵权人追偿。四是明确物业服务企业等建筑物管理人应当采取必要的安全保障措施；未采取必要的安全保障措施的，应当依法承担未履行安全保障义务的侵权责任。五是强调相关部门调查职责。发生高空抛物坠物的，公安等机关应当依法及时调查，查清责任人。

思考题

1. 实施自助行为需要满足哪些条件？

2. 如何处理网络侵权纠纷？

本节扫码答题

第七章

国家工作人员要不断学习其他法律知识和党内法规

国家工作人员学法用法是全面依法治国的基础性工作，是深入推进社会主义核心价值观建设的重要内容，是切实加强干部队伍建设的有效途径。国家工作人员要紧密结合实际，不断学习、更新各方面法律知识，牢固树立权由法定、权依法使等基本法治观念，做到心中有法，知晓做事的尺度，依法履职尽责。鉴于篇幅所限，本章仅及就近 5 年来主要的立法修法作简要导读。

第一节　依法行政法律知识

依法行政是全面推进依法治国的重要组成部分，是法治国家、法治政府和法治社会一体建设的重要内容。国家机关及其工作人员要不断增强依法行政意识，提高依法行政水平，推动各项工作全面纳入法治化轨道。

扫码看解读

中央依法治国办负责同志就《法治政府建设实施纲要（2021—2025 年）》答记者问

一、依法行政的基本要求

依法行政是指行政机关必须依法设立，并依法取得、行使行政权力，对行政行为的后果承担相应的责任。其基本要求如下：

一是合法行政。合法是依法行政首要的也是最基本的内容，它意味着行政权的存在和行使都必须于法有据。行政机关实施行政管理，应当依照法律、法规、规章的规定进行，没有法律、法规、规章的规定，行政机关不得作出影响公民、法人和其他组织合法权益或者增加公民、法人和其他组织义务的决定。

二是合理行政。行政机关实施行政管理，应当遵循公平、公正的原则。要平等对待行政管理相对人，不偏私、不歧视。行使自由裁量权应当符合法律目的，排除不相关因素的干扰；所采取的措施和手段应当必要、适当；可以采用多种方式实现行政目的的，应当避免采用损害当事人权益的方式。

🔍 以案学法 7

产权保护"民告官"：某铁路配件厂诉区政府房屋征收补偿决定案

2015 年 5 月，某市某区人民政府（以下简称"区政府"）对某建设用地范围内的国有土地上房屋作出征收决定。某铁路配件厂（以下简称"配件厂"）的厂房位于征收范围内，规划用途为工业配套。房屋征收管理办公室（以下简称"区征收办"）分别于 2015 年 6 月 12 日及 24 日对房屋初步评估结果和房屋征收价格评估结果进行了公告，评估公司制作了配件厂的分户评估报告，但区征收办直至 2016 年 5 月 31 日才向配件厂留置送达。区征收办另外委托资产评估公司对配件厂设备类资产的市场价值进行评估并出具了报告，但未向配件厂送达。因始终未达成补偿协议，经区征收办申请，区政府于 2016 年 8 月 12 日作出《房屋征收补偿决定书》（以下简称"补偿决定"）并张贴于配件厂厂房处。该补偿决定设定的产权调换主要内容为："……房屋征收部门提供位于……10 处房屋作为产权调换房……规划用途为住宅……"2016 年 9 月 28 日，配件厂的厂房被强制拆除。配件厂不服该补偿决定，诉至法院。

【评析】法治政府的核心内涵是依法行政，在全面推进依法治国的今天，只有政府带头有法必依、严格执法，国家才能在法治的轨道上有序发展。

本案是一起涉产权保护的"民告官"典型案例。产权制度是社会主义市场经济的基石，保护产权是坚持社会主义基本经济制度的必然要求。根据《国有土地上房屋征收与补偿条例》及《国有土地上房屋征收评估办法》的规定，房屋征收部门应当在分户初步评估结果公示期满后向被征收人转交分户评估报告，被征收人对评估结果有疑问的可以申请复核评估及鉴定。本案中，区征收办向配件厂留置送达分户评估报告的时间距该报告作出近1年，导致配件厂失去了申请复核及鉴定的权利并错过签约期，构成程序违法。对于配件厂的设备资产补偿问题，区征收办另委托评估公司出具了资产评估咨询报告，但未向配件厂送达，亦构成程序违法。此外，区政府针对配件厂规划用途为工业配套、实际亦用于生产的厂房，提供住宅用于产权调换，与配件厂调换新厂房、征收后继续生产经营的意愿及需求严重不符，实质上限制了配件厂对补偿方式的选择权，区政府也未能举证证明配件厂的意愿违反法律强制性规定或客观上无法实现。据此，补偿决定设定的房屋产权调换方式不符合行政行为合理性原则的要求，属于明显不当的情形。某市中级人民法院一审判决撤销区政府作出的补偿决定，某省高级人民法院二审维持原判。

三是程序正当。行政机关实施行政管理，除涉及国家秘密和依法受到保护的商业秘密、个人隐私的外，应当公开，注意听取公民、法人和其他组织意见；要严格遵循法定程序，依法保障行政管理相对人、利害关系人的知情权、参与权和救济权。行政机关工作人员履行职责，与行政管理相对人存在利害关系时，应当回避。

四是高效便民。行政机关实施行政管理，应当遵守法定时限，积极履行法定职责，提高办事效率，提供优质服务，方便公民、法人和其他组织。

五是诚实守信。行政机关公布的信息应当全面、准确、真实。非因法定事由并经法定程序，行政机关不得撤销、变更已经生效的行政决定；因国家利益、公共利益或者其他法定事由需要撤回或者变更行政决定的，应当依照法定权限和程序进行，并对行政管理相对人因此而受到的财产损失依法予以补偿。

六是权责统一。行政机关依法履行经济、社会和文化事务管理职责，要由法律、法规赋予其相应的执法手段。行政机关违法或者不当行使职权，应当依法承担法律责任，实现权力和责任的统一，做到执法有保障、有权必有责、用权受监督、违法受追究、侵权须赔偿。

二、全面落实行政执法"三项制度"

行政执法是行政机关最大量的日常行政活动，是实施法律法规、依法管理经济社会事务的主要途径，是实现政府职能的重要方式。行政执法是否严格规范公正文明，直接体现着各级政府依法行政和法治政府建设的水平。

2018年12月，国务院办公厅印发《关于全面推行行政执法公示制度执法全过程记录制度重大执法决定法制审核制度的指导意见》，就全面推行行政执法公示制度、执法全过程记录制度、重大执法决定法制审核制度（以下统称"三项制度"）工作有关事项提出明确要求。

（一）总体要求

全面推行"三项制度"，要以习近平新时代中国特色社会主义思想为指导，坚持依法规范、执法为民、务实高效、改革创新、统筹协调等原则。通过在各类行政执法行为中全面推行"三项制度"，大力促进严格规范公正文明执法，使行政执法能力和水平整体提升，行政执法的社会满意度显著提高。

（二）全面推行行政执法公示制度

行政执法要强化事前公开、规范事中公示、加强事后公开。通过明确行政执法信息公示的主体、内容、形式、程序、职责等，解决行政执法信息公开不及时、不规范、不透明等问题。

（三）全面推行执法全过程记录制度

行政执法要完善文字记录、规范音像记录、严格记录归档、发挥记录作用。通过明确行政执法文书基本格式标准，音像记录的定位、作用、要素、设备配置，依法归档保存执法档案，加强记录信息的调阅监督等，解决执法行为不严格、不文明及执法过程记录不全面、不标准等问题。

（四）全面推行重大执法决定法制审核制度

行政执法要明确审核机构、明确审核范围、明确审核内容、明确审核责任。通过明确法制审核机构的确定、审核人员的配备、重大行政执法行为标准的界定、法制审核的内容和程序、相关人员的责任等，解决法制审核机构不健全、审核力量不足、审核工作不规范等问题。

聚焦行政执法的源头、过程、结果等关键环节，全面落实行政执法制度体系里最典型最关键的这"三项制度"，对促进严格规范公正文明执法具有基础性、整体性、突破性作用，对于切实保障人民群众合法权益，维护政府公信力，营造更加公开透明、规范有序、公平高效的法治环境，具有重要意义。

三、坚持和完善重大行政决策程序制度

规范重大行政决策程序是法治政府建设也是法治国家建设的重要方面。要进一步推进决策科学化、民主化、法治化，提高决策的质量和效率，坚持把党的领导贯彻到重大行政决策全过程。

扫码看解读

（一）重大行政决策事项范围

决策机关可以结合职责权限和本地实际，确定重大行政决策事项目录、标准，经同级党委同意后向社会公布，并根据实际情况调整。重大行政决策事项包

让行政决策权在阳光下运行——司法部相关负责人详解《重大行政决策程序暂行条例》

括：（1）制定有关公共服务、市场监管、社会管理、环境保护等方面的重大公共政策和措施；（2）制定经济和社会发展等方面的重要规划；（3）制定开发利用、保护重要自然资源和文化资源的重大公共政策和措施；（4）决定在本行政区域实施的重大公共建设项目；（5）决定对经济社会发展有重大影响、涉及重大公共利益或者社会公众切身利益的其他重大事项。

（二）重大行政决策的作出和调整

公众参与、专家论证、风险评估、合法性审查、集体讨论决定，是重大行政决策的法定程序。除依法不予公开的决策事项外，应当充分听取公众意见；专业性、技术性较强的决策事项应当组织专家论证；决策实施可能对社会稳定、公共安全等方面造成不利影响的，应当组织风险评估；决策草案必须通过合法性审查；决策草案应当在集体讨论的基础上作出决定。依法作出的重大行政决策，未经法定程序不得随意变更或者停止执行，需要作出重大调整的，应当履行相关法定程序。

（三）重大行政决策责任追究

决策机关应当建立重大行政决策过程记录和材料归档制度，对决策机关违

反规定造成决策严重失误，或者依法应当及时作出决策而久拖不决，造成重大损失、恶劣影响的，应当倒查责任，实行终身责任追究，对决策机关行政首长、负有责任的其他领导人员和直接责任人员依法追究责任。

四、行政公益诉讼助推法治政府建设

法治政府建设的核心是依法行政，本质是对政府行政权力的规范、限制和约束。法治政府应当是责任政府，政府须做到"有权必有责，用权受监督，违法要追究"。而在法治政府建设向纵深推进的过程中，仅靠行政系统内部的政策驱动可能面临动力不足、形式主义等问题，司法权对行政权外部监督与制约作用的发挥很有必要。

扫码看解读

检察公益诉讼拓展新领域

2017年7月，行政诉讼法正式确立了检察机关提起行政公益诉讼制度。检察机关在履行职责中发现生态环境和资源保护、食品药品安全、国有财产保护、国有土地使用权出让等领域负有监督管理职责的行政机关违法行使职权或者不作为，致使国家利益或者社会公共利益受到侵害的，应当向行政机关提出检察建议，督促其履行职责。行政机关不依法履行职责的，检察机关依法向人民法院提起行政公益诉讼。该制度有效填补了原有追责机制存在的空白地带，对推进法治政府建设具有重大的现实意义。

2019年5月，中办、国办印发《法治政府建设与责任落实督察工作规定》，专章对法治政府建设责任追究作出规定；中央全面依法治国委员会办公室印发《关于开展法治政府建设示范创建活动的意见》，将行政公益诉讼中被诉行政机关负责人的出庭应诉率作为开展市县法治政府建设示范创建活动的重要评估指标，进一步加强行政公益诉讼制度对行政机关主要负责人的约束和指引作用。

各级行政机关主要负责人要高度重视诉前检察建议，积极主动履行职责或者纠正违法行为，检察机关依法提起诉讼的，要认真做好应诉工作，人民法院裁判生效后，应当依法自觉履行。要注重对行政公益诉讼个案的剖析和类

案的研究，善于从行政违法行为多发领域和重点环节发现问题，及时解决制度漏洞，完善管理，健全长效工作机制，通过行政公益诉讼提升依法行政意识，反思和改正可能存在的行政乱作为、行政不作为，在工作中积极履职，依法履职。

以案学法 8

食为政首：督促整治非法使用耕地案

2013 年 5 月，某县某石材厂（以下简称"石材厂"）未经批准，擅自占用 1.2 万平方米耕地及其他农用地，用于建设厂房等。12 月 16 日，该县原国土资源局责令石材厂限期拆除土地上新建的建筑物和其他设施、处以罚款 7 万元，石材厂缴纳罚款后并未实施拆除行为。2018 年 6 月，该县原国土资源局向法院申请强制执行，因申请逾期，被法院驳回。

2019 年 3 月，针对石材厂前期非法占用耕地及其他农用地行为，该县自然资源和规划局采取办理农用地转建设用地措施，将石材厂生产车间非法占用的 5537 平方米土地转为建设用地，但石材厂办公楼及大部分石材堆场不在城市建设用地批复方案之内，且涉案土地均未办理供地手续。2019 年以来，石材厂另非法占用 3783 平方米耕地及其他农用地。2019 年 8 月 28 日，检察机关向该县自然资源和规划局发送检察建议书，建议其依法履行监督管理职责，责令石材厂限期拆除土地上新建的建筑物和其他设施、退还土地、恢复土地原状。

2019 年 9 月 16 日，该县自然资源和规划局回复：因企业生产经营困难作出上述处理决定，正在督促整改；对新增违法占地行为正在调查处理。同年 12 月 24 日，该县自然资源和规划局向石材厂送达行政处罚决定书，仅对其新增违法占地行为予以了处罚。2020 年 6 月 1 日，检察机关提起行政公益诉讼。

【评析】耕地保护事关国家粮食安全、生态安全和社会稳定，守住耕地保护红线，是土地资源保护的基本国策。本案中，检察机关根据行政诉讼法第 25 条第 4 款的规定，首先通过检察建议这一诉前程序督促行政机关依法履行监管职责，严格落实耕地保护政策，为行政机关提供了自我纠错的机会。在行政机关未依法全面履职时提起行政诉讼，督促其履职，彰显了"耕地红线不能碰"

的底线。行政机关不依法全面履职的判断和认定，是以法定职责为依据，以是否全面运用行政监管手段制止违法行为，国家和社会公共利益是否得到有效保护为标准。

2020 年 7 月 23 日，法院作出判决，判令撤销该县原国土资源局行政处罚决定书，责令该县自然资源和规划局重新对违法行为作出行政处理，并继续履行监管职责。判决后，该县自然资源和规划局积极履行职责。截至当年 11 月，石材厂已缴纳全部罚款 122369 元，涉案土地已全部退还。不符合土地利用规划的耕地上的附着物已全部拆除，土地恢复原状。

五、行政处罚法修改导读

扫码看图解

行政处罚是行政机关有效实施行政管理，保障法律、法规贯彻施行的重要手段。2021 年 1 月 22 日，《中华人民共和国行政处罚法》由第十三届全国人大常委会第二十五次会议修订通过，自 2021 年 7 月 15 日起施行。这是行政处罚法继 2009 年和 2017 年两次个别条文修改后的首次大修。

一图读懂《中华人民共和国行政处罚法》

（一）落实党中央重大改革决策部署，推动行政处罚制度进步

一是增加综合行政执法制度，相对集中行政处罚权，推动解决多头执法、重复执法和执法力量分散问题（第18条第1款）。二是增加规定行政处罚权下放乡镇街道，加强对行政处罚权下放的规范和保障，推动执法重心下移（第24条）。三是将行政执法"三项制度"纳入行政处罚法：明确公示要求，增加规定行政处罚的实施机关、立案依据、实施程序和救济渠道等信息应当公示（第39条）；体现全过程记录，增加规定行政机关应当依法以文字、音像等形式进行全过程记录，归档保存（第47条）；细化法制审核要求，列明适用情形，明确未经法制审核或者审核未通过的不得作出行政处罚决定（第58条）。四是完善行政执法和刑事司

扫码看讲座

行政执法三项制度入法

法衔接机制，推动行政处罚和刑事处罚有效对接（第27条、第35条第2款）。五是落实行政执法人员持证上岗和资格管理制度要求（第42条、第55条第1款）。六是增加疫情防控有关行政处罚程序规定，明确发生重大传染病疫情等突发事件，为了控制、减轻和消除突发事件引起的社会危害，行政机关对违反突发事件应对措施的行为，依法快速、从重处罚（第49条）。

以案学法 9

行刑衔接：李某等人生产、销售假药案

2018年2月27日，某市原食品药品监督管理局（以下简称"食药监局"）对某药房有限公司（以下简称"药房公司"）某门店检查时，当场查获3包来源不明的中药饮片，随后民警将该店店长丁某某抓获。次日，公安机关对药房公司仓库依法搜查，当场查获300余种来源不明的中药饮片和30张用于贴标的药品合格证，并将仓库负责人齐某某抓获。同年3月3日，公安机关将药房公司的药品采购负责人李某抓获归案。

经食药监局认定，上述查获的3包中药饮片和216种中药饮片是假药。经食品药品检验所对上述涉案药品中的24种中药饮片抽检，有14种性状、成分或含量等不符合《中国药典》或《某市中药饮片炮制规范》标准的规定。

2018年6月4日，公安机关以李某、丁某某、齐某某涉嫌生产、销售假药罪移送检察机关审查起诉。同年9月6日，检察机关以李某、齐某某涉嫌生产、销售假药罪，丁某某涉嫌销售假药罪向法院提起公诉。

【评析】行刑衔接，即两法衔接，是行政执法和刑事司法相衔接的简称。行政机关应及时将行政执法中查办的涉嫌犯罪的案件移送司法机关处理，防止以罚代刑、有罪不究、降格处理现象发生。做好两法衔接工作，是全面依法治国、推进社会治理体系和治理能力现代化的重要举措。

本案是行政执法机关与司法机关充分发挥两法衔接工作机制，准确、有效打击中药领域假药犯罪的典型案件。该市食药监局执法人员在日常监管中发现并及时移送违法犯罪线索，公安机关及时立案侦查，扣押关键物证，检察机关

第一时间提前介入，提出引导侦查取证意见建议，确保及时固定和收集证据，为法院后续依法裁判奠定了基础。食药监局以及公检法在行政执法与刑事司法衔接中形成打击合力，为打击中药饮片领域违法犯罪提供了样本。

（二）完善行政处罚设定权限，强化源头规范

一是适当扩大行政法规、地方性法规的行政处罚设定权限（第11、12条）：增加规定上位法对违法行为未作出行政处罚规定，行政法规、地方性法规为实施上位法，可以补充设定行政处罚；增加约束性要求，拟补充设定行政处罚的，应当通过听证会、论证会等形式广泛听取意见，并向制定机关作出书面说明；行政法规、地方性法规报送备案时，应当说明补充设定行政处罚的情况。二是增加行政处罚实施评估制度，最大限度减少不必要的行政处罚事项（第15条）。

（三）健全行政处罚规则，保障行政执法有力度有温度

1.提高重大违法行为违法成本，加大惩处力度。一是增加行政处罚定义，为认定行政处罚提供判断标准，解决行政处罚界限不清问题（第2条）；同时补充列举行政处罚种类（第9条），如通报批评、降低资质等级等。二是完善没收违法所得，规定违法所得除依法退赔的外，应当予以没收（第28条第2款）。三是坚持一事不两罚，增加规定同一个违法行为违反多个法律规范应当给予罚款处罚的，按照罚款数额高的规定予以处罚（第29条）。四是延长重点领域违法行为追责期限，规定涉及公民生命健康安全、金融安全且有危害后果的，行政处罚追责期限由2年延长至5年（第36条第1款）。

2.实行无错不罚、小错轻罚。一是增加首违可以不罚，明确初次违法且危害后果轻微并及时改正的，可以不予行政处罚（第33条第1款）。二是增加没有主观过错不罚，明确当事人有证据足以证明没有主观过错的，不予行政处罚，法律、行政法规另有规定的，从其规定（第33条第2款）。三是增加行政处罚裁量基准（第34条）。四是增加从旧兼从轻适用规则（第37条）。

（四）完善行政处罚程序，推进严格规范公正文明执法

一是加强对非现场执法的规范（第41条）：确保电子技术监控设备符合标准、设置合理、标志明显，设置地点应当向社会公布；记录违法事实应当真实、清晰、

完整、准确，经过审核才能作为证据；行政机关应当及时告知当事人违法事实，并采取信息化手段或者其他措施，为当事人查询、陈述和申辩提供便利。二是明确行政处罚委托从严把握（第20条）：委托应当采用书面形式，委托书应当载明委托的具体事项、权限、期限等内容，并向社会公布。三是明确行政处罚提前告知事项（第44条）：行政机关在作出行政处罚决定之前，应当告知当事人拟作出的行政处罚内容及事实、理由、依据，并告知当事人依法享有的陈述、申辩、要求听证等权利。四是增加重大传染病疫情等突发事件的执法应对（第49条）：发生重大传染病疫情等突发事件，为了控制、减轻和消除突发事件引起的社会危害，行政机关对违反突发事件应对措施的行为，依法快速、从重处罚。五是完善听证制度，扩大听证范围（第63条），强化听证笔录的效力（第65条），解决听证程序适用率偏低问题。六是增加电子邮件送达方式（第61条第2款），解决行政处罚文书送达难问题。七是增加行政处罚协助制度（第26条）。

（五）防范行政不作为，加强对行政机关的监督制约

一是增加行政处罚案件立案制度，明确立案依据等应当公示，符合立案标准的，应当及时立案，防止行政机关有案不立（第39、54条）。二是明确处罚期限，行政机关应当自行政处罚案件立案之日起90日内作出行政处罚决定，法律、法规、规章另有规定的从其规定，防止行政处罚案件久拖不决（第60条）。三是对行政机关有该制止违法行为不制止、该立案不立案、该处罚不处罚、该移送司法机关不移送等情形的，加大追责力度、扩大追责范围。

思考题

1. 当前我国法治政府建设的主要原则是什么？

2. 如何适应新时代要求，提升依法行政能力和水平？

本节扫码答题

第二节 国家安全、突发事件应对法律知识

一、贯彻总体国家安全观的十点要求

国家安全是国家生存发展的前提、人民幸福安康的基础、中国特色社会主义事业的重要保障。2014 年 4 月 15 日，习近平总书记在中央国家安全委员会第一次会议上首次提出总体国家安全观重大战略思想。2015 年 7 月 1 日，全国人大常委会通过国家安全法，并确定每年 4 月 15 日为全民国家安全教育日。总体国家安全观是多个领域安全共同组成的系统安全、体系安全、综合安全，主要目标是提升党的执政能力和国家治理能力，尤其是提升维护社会稳定和防治各类重大风险的能力。

总体国家安全观所蕴含的科学理念日益深入人心，集政治安全、国土安全、军事安全、经济安全、文化安全、社会安全、科技安全、网络安全、生态安全、资源安全、核安全、海外利益安全、生物安全、太空安全、极地安全、深海安全等于一体的国家安全体系不断完善，国家安全、工作能力显著增强。2020 年 12 月 11 日，习近平总书记在中央政治局第二十六次集体学习时就贯彻总体国家安全观提出十点要求。

扫码看图解

一图读懂《中华人民共和国国家安全法》

一是坚持党对国家安全工作的绝对领导，坚持党中央对国家安全工作的集中统一领导，加强统筹协调，把党的领导贯穿到国家安全工作各方面全过程，推动各级党委（党组）把国家安全责任制落到实处。

二是坚持中国特色国家安全道路，贯彻总体国家安全观，坚持政治安全、人民安全、国家利益至上有机统一，以人民安全为宗旨，以政治安全为根本，以经济安全为基础，捍卫国家主权和领土完整，防范化解重大安全风险，为实

现中华民族伟大复兴提供坚强安全保障。

三是坚持以人民安全为宗旨，国家安全一切为了人民、一切依靠人民，充分发挥广大人民群众积极性、主动性、创造性，切实维护广大人民群众安全权益，始终把人民作为国家安全的基础性力量，汇聚起维护国家安全的强大力量。

四是坚持统筹发展和安全，坚持发展和安全并重，实现高质量发展和高水平安全的良性互动，既通过发展提升国家安全实力，又深入推进国家安全思路、体制、手段创新，营造有利于经济社会发展的安全环境，在发展中更多考虑安全因素，努力实现发展和安全的动态平衡，全面提高国家安全工作能力和水平。

五是坚持把政治安全放在首要位置，维护政权安全和制度安全，更加积极主动做好各方面工作。

以案学法 10

危害政治安全：彼得"非法组织"案

2009 年 8 月，彼得伙同他人在香港注册成立名为"Joint Development Institute"（以下简称"JDI"）的机构，在境内以"中国维权紧急援助组"的名义活动，未履行任何注册备案程序，资金入境和活动完全脱离正常监管。该组织在中国建立十余个所谓"法律援助站"，资助和培训无照"律师"、少数访民，利用他们搜集我国各类负面情况，加以歪曲、扩大甚至凭空捏造，向境外提供所谓"中国人权报告"。同时，该组织通过被培训的人员，插手社会热点问题和敏感案事件，蓄意激化一些原本并不严重的矛盾纠纷，煽动群众对抗政府。

【评析】世界强国无不把政治安全作为国家安全的根本和国家核心利益。政治安全，就是国家主权、政权、政治制度以及意识形态等方面免受各种侵袭、干扰、威胁和危害的状态。政治安全在国家安全体系中居于最高层次和核心地位，是国家安全的根本，决定和影响着其他各领域的安全。

本案中，JDI 机构是彼得伙同他人成立的长期接受境外资金支持、在境内培训和资助多名"代理人"、从事危害国家安全犯罪活动的非法组织。彼得等人搜集我国负面信息，抹黑我国国家形象；在我国民间不断培植势力，挑起群众不满情绪，蒙蔽、利诱更多不知情人员，扰乱国家和社会秩序，妄图以此影响、改变中国的社会制度。相关行为触犯了我国刑法和国家安全法等，涉嫌资助危害国家安全犯罪活动罪。2016年1月25日彼得被驱逐出境。

维护政治安全是一项长期复杂的系统工程，面对当前严峻复杂的国家安全形势，国家工作人员要始终坚持总体国家安全观，始终保持高度警惕，坚决抵制境外势力渗透，切实增强政治敏锐性和政治鉴别力，坚决捍卫社会主义制度。

六是坚持统筹推进各领域安全，统筹应对传统安全和非传统安全，发挥国家安全工作协调机制作用，用好国家安全政策工具箱。

七是坚持把防范化解国家安全风险摆在突出位置，提高风险预见、预判能力，力争把可能带来重大风险的隐患发现和处置于萌芽状态。

八是坚持推进国际共同安全，高举合作、创新、法治、共赢的旗帜，推动树立共同、综合、合作、可持续的全球安全观，加强国际安全合作，完善全球安全治理体系，共同构建普遍安全的人类命运共同体。

九是坚持推进国家安全体系和能力现代化，坚持以改革创新为动力，加强法治思维，构建系统完备、科学规范、运行有效的国家安全制度体系，提高运用科学技术维护国家安全的能力，不断增强塑造国家安全态势的能力。

十是坚持加强国家安全干部队伍建设，加强国家安全战线党的建设，坚持以政治建设为统领，打造坚不可摧的国家安全干部队伍。

二、防范风险挑战、应对突发事件

党的十八大以来，面对波谲云诡的国际形势、复杂敏感的周边环境、艰巨繁重的改革发展稳定任务，以习近平同志为核心的党中央坚持底线思维，增强忧患意识，提高防控能力，着力防范化解重大风险，保持了经济持续健康发展和社会大局稳定。

目前，我国现行突发事件应对方面的法律规

扫码看解读

《中华人民共和国突发事件应对法》解读

范，综合的有突发事件应对法，单项的有防洪法、防震减灾法、消防法、传染病防治法等，还有《生产安全事故应急条例》《突发公共卫生事件应急条例》等法规。新冠肺炎疫情暴发后，党中央采取一系列卓有成效的措施应对，赢得了这场突发重大公共卫生事件的大考，但同时也暴露出现行法律体系的不足。

习近平总书记强调，要完善疫情防控相关立法，加强配套制度建设，完善处罚程序，强化公共安全保障，构建系统完备、科学规范、运行有效的疫情防控法律体系。在修订突发事件应对法及相关法律时，应立足完善法律体系和增强制度的整体功效，推进相关法律的修订与完善。

🔍 以案学法 11

生命至上：某酒店坍塌事故案

2020年3月7日，某酒店发生坍塌事故，造成29人死亡、42人受伤，直接经济损失5794万元。事发时，该酒店为当地新冠肺炎疫情防控外来人员集中隔离健康观察点。

事故发生后，党中央、国务院高度重视，习近平总书记第一时间作出重要指示，要求全力抢救失联者，积极救治伤员；强调当前全国正在复工复产，务必确保安全生产，确保不发生次生灾害。李克强总理立即作出批示，要求全力搜救被困人员，及时救治伤员，并做好救援人员自身防护，尽快查明事故原因并依法问责。应急管理部、住房城乡建设部等有关部门派出工作组连夜赶赴现场，指导地方抢险救援、事故调查和善后处置等工作。国家卫生健康委调派医疗卫生应急专家组，支援当地开展伤员救治等卫生应急处置工作。

经调查，事故的直接原因是，事故责任单位某机电工贸有限公司将该酒店建筑物由原四层违法增加夹层改建成七层，达到极限承载能力而处于坍塌临界状态，加之事发前对底层支承钢柱违规加固焊接作业引发钢柱失稳破坏，导致建筑物整体坍塌。

【评析】确保人民群众生命安全和身体健康，是我们党治国理政的一项重大任务。公共安全事故往往来势迅猛，会给人民群众造成巨大损失。未雨绸缪，方能有备无患；居安思危，才可化险为夷。这起事故虽然死亡人数不到 30 人，未达到认定为"特别重大生产安全事故"的级别，但由于性质严重、影响恶劣，依据安全生产法、《生产安全事故报告和调查处理条例》等有关法律法规规定，国务院批准成立了由应急管理部牵头，公安部、自然资源部、住建部、国家卫健委、全国总工会和省政府为成员单位的国务院事故调查组进行提级调查。

调查历时 4 个月，事故调查报告指出了有关地方和部门"生命至上、安全第一"的理念没有牢固树立、依法行政意识淡薄、监管执法严重不负责任、安全隐患排查治理形式主义问题突出、相关部门审批把关失守、企业违法违规肆意妄为等六个方面的主要教训。杨某等 23 名相关责任人员受到刑事惩处。纪检监察机关按照干部管理权限，依规依纪依法对事故中涉嫌违纪、职务违法、职务犯罪的 49 名公职人员严肃追责问责，其中 7 人移送司法机关追究刑事责任。

重大突发事件往往不仅关乎人民群众生命安全，也是对政府应急管理能力的大考。习近平总书记多次强调，要"及时发布权威信息，增强舆情引导的针对性和有效性"。如何在科学认识舆情发展一般规律和重大突发事件个性特征的基础上，构筑有效的重大突发事件舆情治理机制，成为健全国家应急管理体系、推进我国应急管理能力现代化的重大理论命题与实践主题。

2020 年 2 月 23 日，习近平总书记在统筹推进新冠肺炎疫情防控和经济社会发展工作部署会议上发表重要讲话，强调要适应公众获取信息渠道的变化，加快提升主流媒体网上传播能力；要主动回应社会关切，对善意的批评、意见、建议认真听取，对借机恶意攻击的坚决依法制止。习近平总书记的系列重要论述，为完善融媒体环境下重大突发事件社会舆情治理机制提供了基本遵循。

扫码学讲话

重大突发事件舆情怎么应对

三、生物安全法重点导读

生物安全是人民健康、社会安定、国家利益的重要保障。习近平总书记多次就生物安全问题作出重要指示，并要求加快立法步伐。在一系列与生物安全有关的法律法规等规范性文件和重要实践的基础上，2020 年 10 月 17 日，《中华人民共和国生物安全法》由第十三届全国人大常委会第二十二次会议通过，自 2021 年 4 月 15 日起施行。生物安全法是国家生物安全领域的基础性、综合性、系统性、统领性法律，其实施具有积极而深远的影响。

扫码看图解

一图读懂《中华人民共和国生物安全法》

（一）明确适用范围和原则

生物安全法适用范围主要包括八个方面：（1）防控重大新发突发传染病、动植物疫情；（2）生物技术研究、开发与应用；（3）病原微生物实验室生物安全管理；（4）人类遗传资源与生物资源安全管理；（5）防范外来物种入侵与保护生物多样性；（6）应对微生物耐药；（7）防范生物恐怖袭击与防御生物武器威胁；（8）其他与生物安全相关的活动。这八个方面的行为及其相关管理行为，是生物安全法规范和调整的范围。生物安全是国家安全的重要组成部分。维护生物安全应当贯彻总体国家安全观，统筹发展和安全，坚持以人为本、风险预防、分类管理、协同配合的原则。（第 2、3 条）

（二）建立领导体制和相关制度

一是建立健全国家生物安全领导体制。明确坚持党对国家生物安全工作的领导，规定中央国家安全领导机构、国家生物安全工作协调机制（设立办公室）及其成员单位、国务院其他有关部门的职责；要求省、自治区、直辖市建立生物安全工作协调机制，明确地方各级人民政府及其有关部门的职责。（第 4 条、第 10—13 条）

二是完善生物安全风险防控基本制度。建立生物安全风险监测预警制度、生物安全风险调查评估制度、生物安全信息共享制度、生物安全信息发布制度、生物安全名录和清单制度、生物安全标准制度、生物安全审查制度、生物安全应急制度、生物安全事件调查溯源制度、国家准入制度和境外重大生物安全事件应对制度等 11 项基本制度，全链条构建生物安全风险防控的"四

梁八柱"。（第 14—24 条）

三是健全各类具体风险防范和应对制度。针对重大新发突发传染病、动植物疫情，生物技术研究、开发与应用安全，病原微生物实验室生物安全，人类遗传资源与生物资源安全，防范生物恐怖袭击与生物武器威胁等生物安全风险，分设专章作出针对性规定。

（三）回应生物安全面临的新挑战

为防范和应对外来物种入侵，保护生物多样性，生物安全法规定，国务院有关部门根据职责分工，加强对外来入侵物种的调查、监测、预警、控制、评估、清除以及生态修复等工作，任何单位和个人未经批准，不得擅自引进、释放或者丢弃外来物种（第 60 条）。违反生物安全法规定，未经批准，擅自引进外来物种的，由县级以上人民政府有关部门根据职责分工，没收引进的外来物种，并处 5 万元以上 25 万元以下的罚款（第 81 条）。

针对生物技术引发的伦理问题，生物安全法明确，从事生物技术研究、开发与应用活动，应当符合伦理原则（第 34 条）。从事生物医学新技术临床研究，应当通过伦理审查，并在具备相应条件的医疗机构内进行；进行人体临床研究操作的，应当由符合相应条件的卫生专业技术人员执行（第 40 条）。相关科研院校、医疗机构以及其他企业事业单位应当将生物安全法律法规和生物安全知识纳入教育培训内容，加强学生、从业人员生物安全意识和伦理意识的培养（第 7 条）。

四、网络安全法重点导读

2016 年 11 月 7 日，《中华人民共和国网络安全法》由第十二届全国人大常委会第二十四次会议通过，自 2017 年 6 月 1 日起施行。网络安全法是我国第一部全面规范网络空间安全管理方面问题的基础性法律，是我国网络空间法治建设的重要里程碑，是依法治网、化解网络风险的法律重器。

扫码看解读

国家网信办就《网络安全法》实施答记者问

（一）强化网络运行安全，重点保护关键信息基础设施

网络安全法第三章用了近三分之一的篇幅规范网络运行安全，特别强调要保障关键信息基础设施的运行安全。关键信息基础设施是指一旦遭到破坏、丧失功能或者数据泄露，可能严重危害国家安全、国计民生、公共利益的系统和设施。网络运行安全是网络安全的重心，关键信息基础设施安全则是重中之重，与国家安全和社会公共利益息息相关。网络安全法强调在网络安全等级保护制度的基础上，对关键信息基础设施实行重点保护，明确关键信息基础设施的运营者负有更多的安全保护义务，并配以国家安全审查、重要数据强制境内存储等法律措施，确保关键信息基础设施的运行安全。

（二）完善网络安全义务和责任，加大违法惩处力度

网络安全法对网络运营者等主体的法律义务和责任作了全面规定，包括守法义务，尊重社会公德、遵守商业道德义务，诚实信用义务，网络安全保护义务，接受监督义务，承担社会责任等，并在"网络运行安全""网络信息安全""监测预警与应急处置"等章节中进一步明确、细化。在"法律责任"中提高了违法行为的处罚标准，加大了处罚力度。

🔍 以案学法 12

危害网络安全：吴某等非法控制计算机信息系统、侵犯公民个人信息案

2017年11月至2019年8月底，某科技有限公司（以下简称"科技公司"）实际控制人吴某等人在与多家手机主板生产商合作过程中，将木马程序植入手机主板内。上述手机出售后，吴某等人通过植入的木马程序控制手机回传短信，获取手机号码、验证码等信息，并传至公司后台数据库，后由该公司商务组人员联系李某某（在逃）、管某某等人非法出售手机号码和对应的验证码。科技公司以此作为公司主要获利方式，非法控制330余万部手机并获取相关手机号码及验证码数据500余万条，出售这些数据后获利人民币790余万元。

李某某等人向科技公司购买非法获取的手机号码和验证码后，利用自行开发的某平台软件贩卖给陈某某等人。陈某某等人将从李某某处非法购买的个人

信息用于平台用户注册、"拉新"、"刷粉"、积分返现等,非法获利人民币80余万元。管某某从科技公司购买手机号码和对应的验证码后,也用于上述用途,非法获利人民币3万余元。

【评析】网络安全事关国家安全和社会稳定,事关人民群众的切身利益。而公民个人信息安全则是国家网络安全工作中的重要组成部分。习近平总书记强调,国家网络安全工作要坚持网络安全为人民、网络安全靠人民,保障个人信息安全,维护公民在网络空间的合法权益。

近年来,各类危害网络安全犯罪持续高发蔓延,而非法获取公民个人信息,往往成为网络犯罪的必备前置程序。本案中,吴某等人通过将木马程序植入他人手机主板,非法控制330余万部手机,获取相关手机号码及验证码数据并出售的行为,构成刑法第285条规定的非法控制计算机信息系统罪;李某某(在逃)、陈某某、管某某等人非法购买他人信息进行牟利的行为,符合刑法第253条之一的规定,构成侵犯公民个人信息罪。

(三)将监测预警与应急处置工作制度化、法制化

网络安全法第五章将监测预警与应急处置工作制度化、法制化,明确国家建立网络安全监测预警和信息通报制度,建立网络安全风险评估和应急工作机制,制定网络安全事件应急预案并定期演练。为建立统一高效的网络安全风险报告机制、情报共享机制、研判处置机制提供了法律依据。

五、数据安全法重点导读

随着信息技术和人类生产生活交汇融合,各类数据迅猛增长、海量聚集,对经济发展、人民生活都产生了重大而深刻的影响。数据安全已成为事关国家安全与经济社会发展的重大问题。党中央对此高度重视,就加强数据安全工作和促进数字化发展作出一系列部署。按照党中央决策部署和贯彻总体国家安全观的要求,全国人大常委会积极推动数据安全立法工作。2021年6月10日,《中华人民共和国数据安全法》由第十三届全国人大常委会第二十九次会议通过,自2021年9月1日起施行。数据安全法是继网络安全法之后,在数据安

全领域的又一基础性法律，对于国家数据安全保障和数字经济发展具有举足轻重的意义。

（一）数据安全法的适用范围

数据安全法明确在我国境内开展的数据处理活动及其安全监管适用本法，其中数据是指任何以电子或者其他方式对信息的记录，数据处理包括数据的收集、存储、使用、加工、传输、提供、公开等（第2、3条）。同时，赋予本法必要的域外适用效力，规定在中华人民共和国境外开展数据处理活动，损害中华人民共和国国家安全、公共利益或者公民、组织合法权益的，依法追究法律责任（第2条）。

（二）支持、促进数据安全与发展的措施

数据安全法坚持安全与发展并重，设专章对支持促进数据安全与发展的措施作了规定，保护个人、组织与数据有关的权益，提升数据安全治理和数据开发利用水平，促进以数据为关键要素的数字经济发展。包括：实施大数据战略，制定数字经济发展规划（第14条）；支持数据相关技术研发和商业创新（第16条）；推进数据相关标准体系建设，促进数据安全检测评估、认证等服务的发展（第17、18条）；培育数据交易市场（第19条）；支持采取多种方式培养专业人才（第20条），等等。

（三）数据安全制度

为有效应对境内外数据安全风险，有必要建立健全国家数据安全管理制度，完善国家数据安全治理体系。对此，数据安全法主要作了以下规定：一是建立数据分类分级保护制度，制定重要数据目录，加强对重要数据的保护（第21条）。二是建立集中统一、高效权威的数据安全风险评估、报告、信息共享、监测预警机制，加强数据安全风险信息的获取、分析、研判、预警工作（第22条）。三是建立数据安全应急处置机制，有效应对和处置数据安全事件（第23条）。四是与相关法律相衔接，确立数据安全审查制度和管制物项数据出口管制（第24、25条）。五是针对一些国家对我国的相关投资和贸易采取歧视性等不合理措施的做法，明确我国可以根据实际情况对等采取措施（第26条）。

（四）数据安全保护义务

保障数据安全，关键是要落实开展数据处理活动的组织、个人的主体责任。对此，数据安全法主要规定如下：一是开展数据处理活动必须遵守法律法规，尊重社会公德和伦理，有利于促进经济社会发展，增进人民福祉，不得违法收集、使用数据，不得危害国家安全、公共利益，不得损害个人、组织的合法权益（第8、28、32条）。二是开展数据处理活动应当按照规定建立健全全流程数据安全管理制度，组织开展数据安全教育培训，采取相应的技术措施和其他必要措施，保障数据安全（第27条）。三是开展数据处理活动应当加强风险监测、定期开展风险评估，及时处置数据安全事件，并履行相应的报告义务（第29、30条）。四是对数据交易中介服务和法律、行政法规规定提供数据处理相关服务等作出规范（第33、34条）。五是对公安机关和国家安全机关因依法履行职责需要调取数据以及境外执法机构调取境内数据时，有关组织和个人的相关义务作了规定（第35、36条）。

（五）政务数据安全与开放

为保障政务数据安全，推动政务数据开放利用，数据安全法主要作了以下规定：一是对推进电子政务建设，提升运用数据服务经济社会发展的能力提出要求（第37条）。二是规定国家机关收集、使用数据应当在其履行法定职责的范围内依照法律、行政法规规定的条件和程序进行，并落实数据安全保护责任，保障政务数据安全（第38、39条）。三是对国家机关委托他人建设、维护电子政务系统，存储、加工政务数据的审批要求和监督义务作出规定（第40条）。四是要求国家机关按照规定及时、准确公开政务数据，制定政务数据开放目录，构建政务数据开放平台，推动政务数据开放利用（第41、42条）。

（六）数据安全工作职责和法律责任

数据安全涉及各行业各领域，涉及多个部门的职责，数据安全法明确中央国家安全领导机构对国家数据安全工作的决策和议事协调等职责，加强对数据安全工作的组织领导；同时对有关行业部门和有关主管部门的数据安全监管职责作了规定（第5、6条）。此外，数据安全法还对违反规定的法律责任作了规定（第44—52条）。

思考题

1. 哪些主体负有维护国家安全的责任和义务？

2. 数据处理者应履行哪些安全保护责任和义务？

本节扫码答题

第三节　优化营商环境法律知识

《中华人民共和国国民经济和社会发展第十四个五年规划和 2035 年远景目标纲要》将"市场主体更加充满活力"列入我国"十四五"时期经济社会发展的主要目标，将"激发各类市场主体活力"作为"全面深化改革、构建高水平社会主义市场经济体制"的重要任务。经济社会发展的动力，源于市场主体的活力和社会创造力，很大程度上取决于营商环境。法治是最好的营商环境。良好的营商环境需要公平竞争的规则，需要把依法平等保护各类市场主体产权和合法权益贯彻到立法、执法、司法、守法等各个环节。

一、《优化营商环境条例》重点导读

营商环境是企业等市场主体在市场经济活动中所涉及的体制机制性因素和条件，其优劣直接影响市场主体的兴衰、生产要素的聚散、发展动力的强弱。为了持续优化营商环境，不断解放和发展社会生产力，加快建设现代化经济体系，推动高质量发展，国务院制定了《优化营商环境条例》，于 2019 年 10 月 22

扫码看图解

一图读懂《优化营商环境条例》

日公布，自 2020 年 1 月 1 日起施行。该条例的制定是我国的一项创举，是一项开创性工作。优化营商环境应当坚持市场化、法治化、国际化原则，以市场主体需求为导向，以深刻转变政府职能为核心，创新体制机制、强化协同联动、完善法治保障，对标国际先进水平，为各类市场主体投资兴业营造稳定、公平、透明、可预期的良好环境。

（一）加强市场主体平等保护

《优化营商环境条例》明确，国家坚持权利平等、机会平等、规则平等，保障各种所有制经济平等受到法律保护，着力加强对各类市场主体的平等保护，落实市场主体公平待遇。（1）强调平等对待各类市场主体。明确国家依法保护各类市场主体在使用要素、享受支持政策、参与招标投标和政府采购等方面的平等待遇，为各类市场主体平等参与市场竞争强化法律支撑。（2）强调为市场主体提供全方位的保护。依法保护市场主体经营自主权、财产权和其他合法权益，保护企业经营者人身和财产安全。加大对市场主体知识产权的保护力度，建立知识产权侵权惩罚性赔偿制度。（3）强调为市场主体维权提供保障。推动建立全国统一的市场主体维权服务平台，为市场主体提供高效、便捷的维权服务。

（二）维护公平竞争市场秩序

《优化营商环境条例》明确规范和创新监管执法，为促进公平公正监管、更好实现公平竞争提供基本遵循。（1）推动健全执法机制。建立健全跨部门、跨区域行政执法联动响应和协作机制，在相关领域推行综合行政执法，减少执法主体和执法层级，推动解决困扰市场主体的行政执法检查过多过频问题，实现从监管部门"单打独斗"转变为综合监管，做到"一次检查、全面体检"。（2）推动创新监管方式。明确除直接涉及公共安全和人民群众生命健康等特殊行业、重点领域外，都要实行"双随机、一公开"监管，推行"互联网＋监管"，对新兴产业实行包容审慎监管。（3）推动规范执法行为。明确行政执法应当依法慎重实施行政强制，减少对市场主体正常生产经营活动的影响，不得随意采取要求市场主体普遍停产、停业的措施，避免执法"一刀切"。要求行政执法应当规范行使自由裁量权，合理确定裁量范围、种类和幅度。

（三）加强营商环境建设的法治保障

法治在优化营商环境方面具有固根本、稳预期、利长远的作用。《优化营商环境条例》围绕推进法治政府建设，重点针对法规政策制定透明度不足，新出台法规政策缺少缓冲期，企业对政策环境缺乏稳定预期等突出问题作了明确规定，着力提高政策透明度和稳定性，强化营商环境的法治保障。（1）增强法规政策制定的透明度。明确制定与市场主体生产经营活动密切相关的法规政策，应当充分听取市场主体、行业协会商会的意见；除依法需要保密外，应当向社会公开征求意见并反馈意见采纳情况。（2）增强法规政策实施的科学性。明确新出台法规政策应当结合实际为市场主体留出必要的适应调整期，并加强统筹协调、合理把握出台节奏、全面评估政策效果，避免因政策叠加或相互不协调对市场主体正常生产经营活动造成不利影响。（3）加大涉企法规政策的宣传解读力度。明确政府及其有关部门应当集中公布涉及市场主体的各类法规政策，并通过多种途径和方式加强宣传解读。

二、反不正当竞争法修改导读

（一）第一次修改

2017年11月4日，《中华人民共和国反不正当竞争法》由第十二届全国人大常委会第三十次会议修订通过，自2018年1月1日起施行。这是反不正当竞争法自1993年实施以来的首次修订。

修改的主要内容有：一是进一步界定不正当竞争行为，针对新业态和新的商业模式，根据治理商业贿赂、保护商业秘密和适应互联网领域反不正当竞争的需要，修改完善了关于混淆行为、商业贿赂、虚假宣传行为、有奖销售行为、商业诋毁行为、互联网不正当竞争行为、商业秘密保护的认定规则；二是理顺与相关法律制度的关系，删除了五种限制竞争和垄断行为以及一种假冒他人注册商标行为，与反垄断法、招标投标法、商标法等法律进行衔接处理；三是进一步完善行政执法权，增加检查、查封、扣押、查询等强制措施，突出违法行为的民事赔偿责任，增加违法行为人的信用惩戒。

🔍 以案学法 13

虚假宣传：某饮品公司不正当竞争案

2019年4月至12月期间，某饮品公司为获取竞争优势及交易机会，在43家第三方公司帮助下，虚假提升其饮品品牌2019年度相关商品销售收入、成本、利润率等关键营销指标，并于 2019 年 8 月至 2020 年 4 月，通过多种渠道对外广泛宣传使用虚假营销数据。

经统计，2019 年 4 月至 12 月，该公司在多家第三方公司的帮助下，采用"个人及企业刷单造假""API 企业客户交易造假"，虚增收入，通过开展虚假交易、伪造银行流水等手段，累计制作虚假饮品卡券订单 1.23 亿单。同时，与多家第三方公司开展虚假交易，通过虚构原材料采购、外卖配送业务，虚增劳务外包业务、虚构广告业务等方式虚增成本支出，平衡业绩利润数据。通过资金不断循环，实现营业收入大幅虚增，最终形成极具吸引力的虚假业绩。

【评析】公平竞争是市场经济的核心。不正当竞争行为不仅直接损害其他经营者和消费者的合法权益，而且还会扭曲和破坏正常的市场竞争机制，恶化营商环境，最终影响经济的高质量发展。

不正当竞争行为的表现形式多种多样，比较典型的主要有：混淆行为、商业贿赂行为、虚假宣传行为、侵犯商业秘密行为、不正当有奖销售行为、商业诋毁行为、利用技术手段从事网络不正当竞争行为。本案中，某饮品公司虚假提升其饮品品牌 2019 年度相关商品销售收入、成本、利润率等关键营销指标，形成极具吸引力的虚假业绩，并通过多种渠道对外广泛宣传使用这些虚假营销数据，最终欺骗、误导了消费者和相关公众，其行为违反了反不正当竞争法第 8 条第 1 款的规定，构成虚假宣传行为。43 家第三方公司为某饮品公司实施虚假宣传行为提供实质性帮助，违反了反不正当竞争法第 8 条第 2 款的规定，构成帮助虚假宣传行为。2020 年 9 月 18 日，监管部门对某饮品公司及 43 家第三方公司作出行政处罚决定，处罚金额共计 6100 万元。

（二）第二次修改

2019 年 4 月 23 日，《中华人民共和国反不正当竞争法》由第十三届全国人大常委会第十次会议修订通过。该次修改全部集中于商业秘密相关条款，对商业秘密的保护范围、商业秘密侵权行为的惩罚力度均上升到一个新的高度。

1.扩展商业秘密和侵权主体的范围。将商业秘密定义形式由"技术信息和经营信息"修改为"技术信息、经营信息等商业信息"，通过兜底性表述，使商业秘密的表现形式不再局限于"技术"或"经营"信息（第 9 条第 4 款）。

将经营者以外的其他自然人、法人和非法人组织纳入侵犯商业秘密责任主体的范围（第9条第2款）。

2. 及时跟进侵权手段和侵权行为不断演化的现实情况。增加以"电子侵入"手段获取权利人商业秘密的情形，并首次规制了非法间接获取商业秘密的手段，即"教唆、引诱、帮助他人违反保密义务或者违反权利人有关保守商业秘密的要求，获取、披露、使用或者允许他人使用权利人的商业秘密"的情形（第9条第1款）。

3. 加大对商业秘密侵权行为的惩罚力度。一是增加惩罚性赔偿规定，对恶意实施侵犯商业秘密行为情节严重的，可以适用确定数额1倍以上5倍以下的惩罚性赔偿，同时将法定赔偿额上限提高到500万元（第17条）。二是加大行政处罚力度，增加没收违法所得的处罚，并将罚款的上限提高到100万元、500万元（第21条）。

4. 新增商业秘密案件中的举证责任的分配和转移规则。规定权利人只需要证明商业秘密法定要件中的"采取保密措施"，再合理表明商业秘密被侵犯的后果，涉案信息"为公众所知悉""不具有商业价值""不属于商业信息"将由被告承担举证责任（第32条第1款），减轻原告对秘密性的举证责任。

三、电子商务法重点导读

2018年8月31日，《中华人民共和国电子商务法》由第十三届全国人大常委会第五次会议通过，自2019年1月1日起施行。电子商务法的实施为规范我国电子商务市场秩序、维护公平竞争环境、保障参与主体权益、促进电子商务健康快速发展奠定了法律基础。电子商务法的重要任务之一就是针对平台经营者建章立制，这里重点介绍平台经营者的义务。

（一）平台经营者的法律义务

一是平台内经营者主体身份的管理义务。平台经营者要对进入平台开展经营活动的主体的身份等真实信息进行核验、登记，建立登记档案，并定期核验更新（第27条）。二是信息保存和报送义务。平台经营者应当记录、保存平台上发布的商品和服

网购纠纷口电商平台的举证义务

务信息、交易信息，并确保信息的完整性、保密性、可用性（第31条）；向市场监管部门报送平台内经营者的身份信息，向税务部门报送平台内发生的涉税信息（第28条）。三是维护平台安全稳定义务。平台经营者确保网络安全稳定运行，防范网络违法犯罪活动，有效应对网络安全事件，同时制定网络安全事件应急预案，一旦发生紧急事件立即采取措施，并向有关部门报告（第30条）。四是安全保障义务。平台经营者对消费者承担相应的安全保障义务，造成消费者损害的，依法承担相应的过错责任（第38条）。五是知识产权保护义务。一要建立知识产权保护规则。平台经营者应当建立知识产权保护规则，与知识产权权利人加强合作，履行知识产权保护义务（第41条）。二要实施知识产权治理措施。平台经营者收到知识产权人通知后应对平台内相关经营者采取必要的措施，并承担相应的过错责任（第42—45条）。

（二）限制平台经营者滥用其优势地位

一是平台经营者应当遵循公开、公平、公正的原则，制定服务协议和交易规则，并在显著位置公示，在修改时公开征求意见（第32—34条）。二是平台经营者不得利用服务协议、交易规则以及技术等手段，不当限制平台内经营者的经营自主权，或者收取不合理费用（第35条）。三是平台内经营者应当建立健全信用评价制度，公示信用评价规则，以确保消费者能够对相关的商品或者服务进行评价（第39条）。四是平台经营者应当根据商品或者服务的价格、销量、信用等以多种方式向消费者显示搜索结果，对于竞价排名的商品或者服务，应当显著标明"广告"（第40条）。

思考题

1. 如何把对企业的平等保护贯彻到立法、执法、司法、守法等各个环节？

2. 不正当竞争行为包括哪些？

本节扫码答题

第四节　知识产权法律知识

扫码看原文

知识产权强国建设纲要
（2021—2035 年）

《中华人民共和国国民经济和社会发展第十四个五年规划和2035年远景目标纲要》提出，要"健全知识产权保护运用体制""实施知识产权强国战略"。知识产权保护工作关系国家治理体系和治理能力现代化，关系高质量发展，关系人民生活幸福，关系国家对外开放大局，关系国家安全。加强知识产权保护，是完善产权保护制度最重要的内容，也是提高我国经济竞争力的最大激励。

一、著作权法修改导读

科技的飞跃发展，为作品传播和文化产业带来了翻天覆地的变化。2020年11月11日，《中华人民共和国著作权法》由第十三届全国人大常委会第二十三次会议修正通过，修改条款自2021年6月1日起施行。从2011年开始启动的著作权法第三次修改，历时10年，贯彻落实了党中央关于加大知识产权保护力度的决策部署，进一步完善了我国著作权

扫码看图解

一图读懂《中华人民共和国著作权法》

保护制度，为解决著作权保护领域面临的新情况、新问题提供了法律依据。

（一）完善相关概念和制度

一是完善作品的定义。规定作品是指文学、艺术和科学领域内具有独创性并能以一定形式表现的智力成果。还将作品法定的兜底性条款"法律、行政法规规定的其他作品"修改为"符合作品特征的其他智力成果"（第3条），使概念更具开放性。二是将"电影作品和以类似摄制电影的方法创作的作品"修改为"视听作品"，并明确视听作品的著作权归属（第17条）。三是增加作品

登记制度,在固定著作权的权利证据的同时,方便公众了解作品权利归属情况(第12条第2款)。四是完善著作权集体管理制度,规范著作权集体管理组织的行为(第8条)。五是增加职务表演制度,对演员和演出单位的权利作了规定(第40条)。六是完善关于广播组织权的规定,增加规定广播组织的信息网络传播权,同时规定对他人著作权的保护(第47条)。

(二)强化对著作权的保护

一是增加有关技术措施和权利管理信息的规定(第49、50条,第53条第7项),以解决技术措施和权利管理信息线上线下一体保护的问题。二是加大侵权损害赔偿力度(第54条第1、2款):增加权利许可使用费的倍数作为赔偿金额的计算参照;对故意实施侵权行为情节严重的,规定可以适用确定数额1倍以上5倍以下的惩罚性赔偿;将法定赔偿额上限提高到500万元,规定法定赔偿额的下限为500元。三是明确法院可以责令侵权人提供与侵权行为相关的账簿、资料等,应权利人请求,法院可以责令销毁侵权复制品以及主要用于制造侵权复制品的材料、工具、设备等,责令禁止进入商业渠道(第54条第4、5款)。四是明确诉讼中的举证责任倒置,规定被诉侵权人主张其不承担侵权责任的,应当提供证据证明已经取得权利人的许可,或者具有著作权法规定的不经权利人许可而可以使用的情形(第59条第2款)。五是调整行政执法机构并赋予基层执法管理权(第7条),加大行政处罚力度(第53条),明确行政执法手段,增加主管著作权的部门询问当事人,调查违法行为,实施现场检查,查阅、复制有关资料以及查封、扣押有关场所和物品等职权(第55条)。六是完善诉前保全制度(第56条)。

(三)落实我国加入的国际条约义务

一是明确出租权的对象是视听作品、计算机软件的原件或者复制件(第10条第1款第7项)。二是延长摄影作品的保护期,与其他作品保护期相一致(第23条)。三是在有关合理使用的条款中规定"不得影响该作品的正常使用,也不得不合理地损害著作权人的合法权益"等内容,将盲人的合理使用扩大到阅读障碍者(第24条)。四是增加表演者许可他人出租录有其表演的录音录像制品并获得报酬的权利(第39条第1款第5项)。五是增加录音制作者广播和机械表演获酬权(第45条)。

二、专利法修改导读

2020 年 10 月 17 日，《中华人民共和国专利法》由第十三届全国人大常委会第二十二次会议修正通过，修改条款自 2021 年 6 月 1 日起施行。从 2014 年开始启动的专利法第四次修改，历时 6 年，在多方面对专利法进行了修改完善，对充分激发创新活力、推动高质量发展具有重要意义。

关于施行修改后专利法相关问题解答

（一）加强对专利权人合法权益的保护

一是加大对侵犯专利权的赔偿力度。新增惩罚性赔偿制度，规定对故意侵犯专利权情节严重的，可以适用确定数额 1 倍以上 5 倍以下的惩罚性赔偿，并将法定赔偿额上限提高至 500 万元、下限提高至 3 万元，同时完善举证责任，减轻权利人的举证负担（第 71 条）。二是完善专利行政保护（第 70 条）。三是明确诚实信用和禁止权利滥用原则（第 20 条）。四是新增药品专利期限补偿制度和药品专利纠纷早期解决程序有关条款（第 42、76 条）。

（二）促进专利实施和运用

一是完善职务发明制度。新增单位依法处置职务发明相关权利、国家鼓励被授予专利权的单位实行产权激励的相关规定（第 15 条）。二是加强专利转化服务。明确国务院专利行政部门专利信息公共服务体系建设的职责，由其提供专利基础数据，并明确地方专利行政部门加强专利公共服务、促进专利实施和运用的职责（第 21、48 条）。三是新增专利开放许可制度。规定开放许可声明及其生效的程序要件、被许可人获得开放许可的程序和权利义务以及相应的争议解决路径（第 50、51 条）。

（三）完善专利授权制度

一是新增外观设计专利申请国内优先权制度（第 29 条）。二是优化要求优先权程序，放宽专利申请人提交第一次专利申请文件副本的时限（第 30 条）。三是适应我国加入关于外观设计保护的《海牙协定》的需要，将外观设计专利权的保护期延长至 15 年。

三、商标法修改导读

2019 年 4 月 23 日,《中华人民共和国商标法》由第十三届全国人大常委会第十次会议修正通过,修改条款自 2019 年 11 月 1 日起施行。此次商标法第四次修改对于推动知识产权高质量发展、优化营商环境具有重要的积极影响。

扫码看解读

商标法修改相关问题解读

（一）规制恶意注册行为

将规制恶意注册行为贯穿于整个商标申请注册和保护程序,主要涉及三个方面:一是明确注册商标须以使用为目的（第 4 条）,对不以使用为目的的恶意商标注册申请行为,在申请时、初步审定公告后 3 个月内、已经注册等各阶段都设定了遏制措施。二是规范商标代理行为,规定商标代理机构知道或者应当知道委托人存在恶意注册行为的不得接受委托（第 19 条第 3 款）,违法接受的,一经发现,依法追究责任。三是对恶意申请、恶意诉讼行为规定了处罚措施（第 68 条第 4 款）。

（二）加大对侵犯商标专用权的惩罚力度

一是将恶意侵犯商标专用权情节严重的,侵权赔偿数额计算倍数提高到 5 倍以下,并将商标侵权法定赔偿额上限提高到 500 万元。二是强化对侵权材料工具的销毁,将销毁和禁止进入商业渠道作为最主要的处置手段。（第 63 条）

思考题

1. 如何理解"知识产权全链条保护"？

2. 著作权侵权惩罚性赔偿如何适用？

本节扫码答题

第五节　生态环保、民生保障、公共卫生法律知识

一、长江保护法重点导读

扫码看讲座

长江是中华民族的母亲河，是中华民族永续发展的重要支撑。当前，长江流域面临着突出的生态环境问题，长江保护也存在部门分割、地区分割等体制问题。习近平总书记高度重视长江保护立法工作，两次作出重要指示；制定长江保护法是党中央高度重视的重大任务。2020 年 12 月 26 日，我国首部针对流域

国家为保护长江建立了哪些保障与监督制度

的专门法律——《中华人民共和国长江保护法》由第十三届全国人大常委会第二十四次会议通过，自 2021 年 3 月 1 日起施行。依法维护长江流域生态安全，推进长江流域绿色、可持续、高质量发展，事关国家经济社会发展的全局，事关中华民族和子孙后代的长远利益，意义重大，影响深远。

（一）做好统筹协调、系统保护的顶层设计

长江保护涉及多个领域、多个部门、多个地方，长江保护法规定国家建立长江流域协调机制，统一指导、统筹协调、整体推进长江保护工作（第 4 条）；按照中央统筹、省负总责、市县抓落实的要求，建立长江保护工作机制，明确各级政府及其有关部门、各级河湖长的职责分工（第 5 条）；建立区域协调协作机制，明确长江流域相关地方根据需要在地方性法规和政府规章制定、规划编制、监督执法等方面开展协作（第 6 条）；建立流域信息共享机制（第 9、13 条）、专家咨询委员会（第 12 条），切实增强长江保护和发展的系统性、整体性、协同性，促进长江流域实现龙头龙身龙尾协调发展。

（二）突出共抓大保护、不搞大开发

长江保护法把握生态环境保护和经济发展的辩证统一关系，明确要求长江流域经济社会发展应当坚持生态优先、绿色发展，共抓大保护、不搞大开发；

长江保护应当坚持统筹协调、科学规划、创新驱动、系统治理（第3条）。设立"规划与管控"一章，充分发挥长江流域发展规划、国土空间规划、生态环境保护规划等规划的引领和约束作用，通过加强规划管控和负面清单管理，优化产业布局，调整产业结构，划定生态保护红线，倒逼产业转型升级，破除旧动能、培育新动能，实现长江流域科学、有序、绿色、高质量发展。其中明确要求：长江流域产业结构和布局应当与长江流域生态系统和资源环境承载能力相适应；禁止在长江流域重点生态功能区布局对生态系统有严重影响的产业；禁止重污染企业和项目向长江中上游转移（第22条）。同时，禁止在长江干支流岸线1公里范围内新建、扩建化工园区和化工项目；禁止在长江干流岸线3公里范围内和重要支流岸线1公里范围内新建、改建、扩建尾矿库，但是以提升安全、生态环境保护水平为目的的改建除外（第26条）。

（三）保护和修复生态环境，加强长江资源保护

将保护和修复长江流域生态环境放在压倒性位置。长江保护法通过规定更高的保护标准、更严格的保护措施，加强山水林田湖草整体保护、系统修复。如强化水资源保护，加强防洪减灾体系建设和饮用水水源保护，完善水量分配和用水调度制度，保证河湖生态用水需求（第30—34条）；落实党中央关于长江禁渔的决策部署，禁止生产性捕捞和禁渔，加强禁捕管理和执法工作等（第53条）；划定禁止采砂区和禁止采砂期（第28条），等等。

🔍 以案学法 14

保护长江：欧某某诉区政府撤销行政行为案

经某市人民政府批复同意，该市某区人民政府（以下简称"区政府"）于2015年10月作出《关于某饮用水源保护区环境整治的通告》（以下简称"通告"）。通告按照经批复的方案划定了饮用水水源保护区范围，规定在二级保护区内禁止从事泊船、采砂、放养家禽、网箱养殖等活动；在一级保护区内，还禁止从事水产养殖等行为；对违反通告的单位或个人，由环保、农业、水务等相关职能部门根据有关规定予以处理。欧某某长期从事渔业养殖的水域被划入饮用水水源保护区，被禁止继续从事渔业养殖活动。欧某某认为通告侵犯其合法权利，

故诉至法院请求撤销该通告。

【评析】饮用水安全事关人民群众健康，国家为此建立饮用水水源保护区制度。本案系饮用水水源地保护引发的行政诉讼，也是长江流域生态环境司法保护的典型案例。

行政许可法第8条规定，行政许可所依据的法律、法规、规章修改或者废止，或者准予行政许可所依据的客观情况发生重大变化的，为了公共利益的需要，行政机关可以依法变更或者撤回已经生效的行政许可。本案中，欧某某虽曾依法获得从事渔业养殖的行政许可，但区政府基于饮用水水源地保护的实际需要作出通告，进行饮用水水源保护区环境整治，符合环境公共利益。准予行政许可所依据的客观情况发生了重大变化，行政机关依法变更或者撤回已经生效的行政许可，不属于行政权力擅自专断的违法情形。某市第一中级人民法院一审判决驳回欧某某的诉讼请求，某市高级人民法院二审维持原判。

加强长江流域生态资源保护。一是统筹长江流域自然保护地体系建设（第39条），二是重点保护珍贵、濒危水生野生动植物（第42条），三是开展长江流域水生生物完整性评价（第41条），四是建立野生动植物遗传资源基因库（第59条）。

（四）完善污染防治措施，推行生态保护补偿

长江保护法在水污染防治法的基础上，针对长江水污染的特点，增加了六项要求：一是控制总磷排放总量（第46条），二是加强对固体废物的监管（第49条），三是加强农业面源污染防治（第48条），四是开展地下水重点污染源和环境风险隐患调查评估（第50条），五是严格危化品运输的管控（第51条），六是加快搬迁改造重点地区危化品企业（第66条）。

长江干流及重要支流源头、上游水源涵养地等区域，往往要为流域的生态环境保护作出一定经济利益牺牲。长江保护法推行生态保护补偿，明确生态保护补偿办法、补偿资金以及生态保护补偿方式（第63、76条），通过上下游之间补偿方与被补偿方之间的利益协调和共享机制，促进形成全流域发展合力。

（五）坚持责任导向，加大处罚力度

一是规定了严格的政府管理责任，有关政府责任的规定占法律条文总数的

六成以上。在规定国务院有关部门和地方各级人民政府及其有关部门职权的同时，增加了对行使职权的责任追究的规定。强化考核评价与监督，实行长江流域生态环境保护责任制和考核评价制度，开展联合执法，建立长江保护约谈地方政府制度，建立政府定期向人大报告制度（第78—82条）。

二是坚持问题导向，针对长江禁渔、岸线保护、非法采砂等重点问题，在相关法律的基础上补充和细化有关规定，并大幅提高罚款额度，增加处罚方式，切实增强法律制度的权威性和可执行性（第86、87、88、91条）。长江保护法仅对其他相关法律法规（如水污染防治法、水法、野生动物保护法、《危险化学品安全管理条例》等）未予以处罚的违法行为作出规定（第92条），同时规定了严格的损害赔偿责任（第93条）。此外，与长江保护法同一天表决通过的刑法修正案（十一），在刑法第338、341、342、344条新增了四项与长江保护有关的刑事责任。

二、土壤污染防治法重点导读

土壤是"生命之基、万物之母"，土壤污染防治作为重大环境保护和民生工程，被纳入国家环境治理体系。2018年8月31日，《中华人民共和国土壤污染防治法》由第十三届全国人大常委会第五次会议通过，自2019年1月1日起施行。这

扫码看原文
土壤污染防治计划

是我国首部防治土壤污染的专门法律，对于保护和改善生态环境，防治土壤污染，保障农产品质量安全和公众健康，具有十分重要的意义。

（一）突出预防为主，保护优先

土壤一旦污染，修复治理的难度大、周期长、成本高。为强化源头防治，减少污染产生，专门设"预防和保护"专章，要求土地使用权人从事土地开发利用活动，企业事业单位和其他生产经营者从事生产经营活动，应当采取有效措施，防止、减少土壤污染（第4条第2款）。此外，土壤污染防治法还创设制度，要求政府生态环境主管部门加强监管，如国务院生态环境主管部门应当公布重点控制的土壤有毒有害物质名录，并适时更新；设区的市级以上地方人民政府生态环境主管部门应当制定本行政区域土壤污染重点监管单位名录，向

社会公开并适时更新（第20条、第21条第1款）。

（二）坚持风险管控，分类管理

通过普查、详查、调查、监测、风险评估等措施和途径，掌握土壤污染的状况和变化趋势，为风险管控打好基础。同时，根据土地的不同用途和污染程度，规定了不同的应对措施、管理手段和管理要求，分类实施，以有效地防范和应对土壤污染。如对农用地实行分类管理制度，将农用地划分为优先保护类、安全利用类和严格管控类（第49条），采取不同的管理措施；对建设用地实行土壤污染风险管控和修复名录制度（第58条），规定了进出名录管理地块的条件、程序以及应当采取的风险管控和修复措施。

（三）坚持明确责任，严惩重罚

合理配置土壤污染责任人、土地使用权人和政府三者之间的责任，落实企业主体责任，强化污染治理责任，明确政府及其相关部门的监管责任。同时，规定土壤污染责任人负有实施土壤污染风险管控和修复的义务，土壤污染责任人无法认定的，土地使用权人应当实施土壤污染风险管控和修复。地方人民政府及其有关部门可以根据实际情况组织实施土壤污染风险管控和修复（第45条）。赋予监管部门查封、扣押等权力（第78条）。

对污染土壤的违法行为进行严惩重罚。一是对违法向农用地非污，或者不按照规定采取风险管控措施或者实施修复的违法行为，情节严重的，可以实施拘留（第87、94条）。二是对未按照规定进行风险管控或修复等违法行为，实行"双罚制"，既对违法企业给予处罚，也对企业有关责任人员予以处罚（第94条）。三是对出具虚假的土壤污染状况调查、土壤污染风险评估等报告，情节严重的违法行为，对单位进行禁业限制，对有关责任人员禁业十年；构成犯罪的，对有关责任人员终身禁业（第90条）。四是对严重的土壤污染违法行为，构成犯罪的，依法追究刑事责任（第98条）。

三、固体废物污染环境防治法修改导读

固体废物污染环境防治是打好污染防治攻坚战的重要内容，事关人民群众生命安全和身体健康。全面修改固体废物污染环境防治法是贯彻落实习近平生态文明思想和党中央关于生态文明建设决策部署的重大任务，是依法推动打好污染防治攻坚战的迫切需要，是健全最严格最严密生态环境保护法律制度和强化公共卫生法治保障的重要举措。2020 年 4 月 29 日，《中华人民共和国固体废物污染环境防治法》由第十三届全国人大常委会第十七次会议修订通过，自 2020 年 9 月 1 日起施行。

（一）强化监管责任

明确固体废物污染环境防治坚持减量化、资源化和无害化原则，强化政府及其有关部门监督管理责任。一是明确国家实行固体废物污染环境防治目标责任制（第 7 条）。二是建立跨行政区域固体废物污染环境的联防联控机制（第 8 条）。三是推进固体废物收集、转移、处置等全过程监控和信息化追溯制度（第 16 条）。四是明确国家逐步实现固体废物零进口（第 24 条）。五是建立产生、收集、贮存、运输、利用、处置固体废物的单位和其他生产经营者信用记录制度（第 28 条）。

（二）完善防治制度

一是完善工业固体废物污染环境防治制度。强化产生者责任，增加排污许可（第 39 条）、管理台账（第 36 条）、资源综合利用评价（第 34 条）等制度。二是完善生活垃圾污染环境防治制度。明确国家推行生活垃圾分类制度，确立生活垃圾分类的原则（第 6 条）；统筹城乡，加强农村生活垃圾污染环境防治（第 46 条）；规定地方可以结合实际制定生活垃圾具体管理办法（第 59 条）等。三是完善建筑垃圾、农业固体废物等污染环境防治等制度，加强过度包装、塑料污染治理力度（第 68、69 条）。四是完善危险废物污染环境防治制度。加强危险废物跨省转移管理，通过信息化手段管理、共享转移数据和信息，规定电子转移联单，明确危险废物转移管理应当全程管控、提高效率（第 75、82 条）。

（三）健全保障机制

增加"保障措施"专章，从用地、设施场所建设、经济技术政策和措施、从业人员培训和指导、产业专业化和规模化发展、污染防治技术进步、政府资金安排、环境污染责任保险、社会力量参与、税收优惠等方面全方位保障固体废物污染环境防治工作。

（四）严格法律责任

根据党中央、国务院关于用重典治理环境违法行为的部署，落实全国人大常委会执法检查报告的要求，对违法行为实行严惩重罚，提高罚款额度，针对违法排放固体废物且拒不改正的，实施按日连续计罚（第 119 条）；增加处罚种类，对工业固体废物、生活垃圾、危险废物等违法获利行为，没收违法所得；强化"处罚到人"，对擅自倾倒固体废物等六类违法行为，由公安机关对法定代表人、主要负责人、直接负责的主管人员和其他责任人员处以行政拘留（第 120 条）。

四、个人信息保护法重点导读

在信息化时代，个人信息保护已成为广大人民群众最关心最直接最现实的利益问题之一。经过十多年酝酿论证，2021 年 8 月 20 日，《中华人民共和国个人信息保护法》由第十三届全国人大常委会第三十次会议通过，自 2021 年 11 月 1 日起施行。

一图读懂《中华人民共和国个人信息保护法》

个人信息保护法聚焦个人信息保护领域的突出问题和人民群众的重大关切，使广大人民群众在数字经济发展中享受更多的获得感、幸福感、安全感，其诞生标志着我国以网络安全法、数据安全法、个人信息保护法为核心的网络数据法律体系的形成，具有划时代的意义。

（一）重要定义和适用范围

个人信息，指以电子或者其他方式记录的与已识别或者可识别的自然人有关的各种信息，不包括匿名化处理后的信息；个人信息的处理，包括个人信息的收集、存储、使用、加工、传输、提供、公开、删除等（第 4 条）。个人信息保护法的法律义务大部分针对个人信息处理者。个人信息处理者，是指在个人信息处理活动中自主决定处理目的、处理方式的组织、个人（第 73 条）。

个人信息保护法除了规定"在中华人民共和国境内处理自然人个人信息的活动，适用本法"外，还规定了一定的域外适用效力（第 3 条）。对于该等境外的个人信息处理者，应当在中国境内设立专门机构或者指定代表，负责处理个人信息保护相关事务，并将有关机构或者代表的信息报送履行个人信息保护职责的部门（第 53 条）。

（二）处理个人信息的基本原则和规则

个人信息保护法明确了处理个人信息的基本原则，包括：合法、正当、必要和诚信原则（第5条），明确性、相关性和"两个最小"原则（第6条），公开、透明原则（第7条），完整性和准确性原则（第8条），安全保障原则（第9条）。

个人信息处理的一般规则主要包括：一是符合法定情形（第13条）；二是"告知—同意"规则（第14、17、18条），这是个人信息保护的核心规则；三是个人信息的保存期限应当为实现处理目的所必要的最短时间（第19条）；四是共同处理个人信息应当依法进行，并承担连带责任（第20条）；五是委托处理个人信息的，应约定相关权利义务，并进行监督（第21条）；六是个人信息处理者合并、分立等时应依法转移个人信息（第22条）；七是个人信息处理者共享个人信息应当向个人告知接收方相关事项，并取得个人的单独同意（第23条）；八是禁止"大数据杀熟"，规范自动化决策（第24条）；九是公开个人信息的规则（第25、27条）。此外，还对公众场所采集图像、身份识别信息提出了特殊要求（第26条）。

个人信息保护法对敏感个人信息的处理规则专门进行规定。敏感个人信息是指一旦泄露或者非法使用，容易导致自然人的人格尊严受到侵害或者人身、财产安全受到危害的个人信息，包括生物识别、宗教信仰、特定身份、医疗健康、金融账户、行踪轨迹等信息，以及不满14周岁未成年人的个人信息。只有在具有特定的目的和充分的必要性，并采取严格保护措施的情形下，个人信息处理者方可处理敏感个人信息（第28条）。同时应当事前进行影响评估（第55条），并向个人告知处理的必要性以及对个人权益的影响（第30条）。处理不满14周岁未成年人个人信息应当取得未成年人的父母或者其他监护人的同意，并应当制定专门的个人信息处理规则（第31条）。

此外，个人信息保护法第三章专章明确了个人信息跨境提供的规则，主要包括：法定条件和保护标准（第38条）；"告知—同意"要求（第39条）；特定主体的数据本地化和安全评估义务（第40条）；其他特定出境情形（第41—43条）。并对公共场所人脸识别技术的应用进行了规制（第26条）。

（三）个人信息处理活动中的权利义务

一是明确个人信息主体的权利。个人信息保护法较为全面地规定了个人在个人信息处理活动中的权利，包括知情权、决定权、查询权、复制权、可携带权以及请求个人信息处理者更正、补充、删除个人信息的权利，要求解释说明的权利（第44—48条）。同时，还规定个人有权撤回对个人信息处理的同意（第15条），有权拒绝自动化决策（第24条），有权限制或拒绝处理其个人信息（第44条）等，明确要求个人信息处理者建立个人行使权利的申请受理和处理机制（第50条）。此外，还明确了死者个人信息保护的相关要求：其近亲属为了自身的合法、正当利益，可以对死者的相关个人信息行使法律规定的查阅、复制、更正、删除等权利（第49条）。

二是强化个人信息处理者的义务。个人信息保护法明确了个人信息处理者的合规管理和保障个人信息安全等义务，具体包括：采取必要措施确保个人信息处理活动的合规性与安全性（第51条）；处理个人信息达到国家网信部门规定数量的个人信息处理者应指定个人信息保护负责人对其个人信息处理活动进行监督（第52条）；定期对其个人信息处理活动进行合规审计（第54条）；对处理敏感个人信息、自动化决策、向境外提供个人信息等高风险处理活动，应事前进行影响评估并对处理情况进行记录（第55条）；针对个人信息泄露等安全事件履行通知和补救义务（第57条），等等。

三是明确重要互联网平台特别义务。主要包括：成立主要由外部成员组成的独立机构对个人信息保护情况进行监督；制定平台规则以明确平台内产品或者服务提供者处理个人信息的规范和保护个人信息的义务；对严重违法处理个人信息的平台内的产品或者服务提供者停止提供服务；定期发布个人信息保护社会责任报告。（第58条）

此外，个人信息保护法将国家机关处理个人信息也明确纳入监管范围。国家机关为履行法定职责处理个人信息的基本规则包括：不得超出履行法定职责所必需的范围和限度；履行告知义务；国家机关处理的个人信息原则上应当境内存储，确需向境外提供的应当进行安全评估。（第33—36条）

（四）个人信息保护工作机制及法律责任

个人信息保护法第六章规定了履行个人信息保护职责的部门的相关内容，确立了个人信息保护的监管体系架构：国家网信部门负责统筹协调，国务院有关部门在各自职责范围内负责个人信息保护和监督管理工作，县级以上地方人民政府有关部门的个人信息保护和监督管理职责按照国家有关规定确定（第60条）。前述部门统称为"履行个人信息保护职责的部门"。同时，对履行个人信息保护职责的部门的个人信息保护职责范围（第61条）和可采取的相应行政措施（第63条）进行了详细的规定。

此外，个人信息保护法对违法行为加大惩处力度，设置了严格的法律责任（如第66条），增加了违法行为记入信用档案的处罚机制（第67条），相较于网络安全法、民法典等相关规定，对个人信息相关的违法行为处罚力度更大。同时，对侵害个人信息权益的民事赔偿、公益诉讼及刑事责任作出规定（第69—71条）。

五、药品管理法修改导读

药品管理法是我国药品监管的基本法律，是保障人民群众健康与生命的"责任法"，与民生、经济息息相关。为了解决现实中出现的新情况、新问题，2019年8月26日，《中华人民共和国药品管理法》由第十三届全国人大常委会第十二次会议修订通过，自2019年12月1日起施行。本次修改是药品管理法自2001年首次修订后的第二次全面修订，坚持以

扫码看图解

一图读懂《中华人民共和国药品管理法》

人民健康为中心的理念，坚守药品安全的底线，对规范药品生产经营活动、加强药品监督管理、保障公众用药需求和安全、促进医药产业健康发展意义重大。

（一）实施药品上市许可持有人制度

药品上市许可持有人制度，即拥有药品技术的药品研发机构和生产企业，通过提出药品上市许可的申请，获得药品注册证书，以其自身名义将产品投向市场，对药品全生命周期承担责任的一项制度。药品管理法在总则中明确规定，国家对药品管理实行药品上市许可持有人制度，药品上市许可持有人依法对药品研制、生产、经营、使用全过程中药品的安全性、有效性和质量可控性负责（第

6 条）；增设"药品上市许可持有人"专章，对药品上市许可持有人的资格、权利、义务、责任等进行集中概括，并在"药品上市后管理"一章规定药品上市许可持有人在药品上市后的权利、义务和责任。

（二）鼓励研发创新

药品管理法在总则中明确规定国家鼓励研究和创制新药（第 5 条），增加和完善了十多个条款，主要明确了六方面的举措，进一步鼓励药物研发创新、加快境内外新药上市。一是明确鼓励方向。支持以临床价值为导向、对人体疾病具有明确或特殊疗效的药物创新，鼓励对具有新的治疗机理、治疗严重危及生命的疾病、罕见病等以及儿童用药的研制（第 16 条）。二是健全审评机制。强化审评队伍能力建设，完善与注册申请人的沟通交流机制，建立专家咨询制度，优化审评流程，提高审评效率，为药物创新释放制度红利（第 27 条）。三是进一步优化临床试验。将临床试验由批准制调整为到期默示许可制，将临床试验机构由认证管理调整为备案管理，进一步提高临床试验机构的审评审批效率（第 19 条）。四是建立关联审评审批。在审评审批药品时，将化学原料药、辅料、直接接触药品的包装材料和容器调整为与制剂一并审评审批，进一步加快审评审批的速度（第 25 条）。五是实行优先审评审批。对临床急需的短缺药品、防治重大传染病和罕见病等疾病的新药、儿童专用药开设绿色通道，优先审评审批（第 96、16 条）。六是建立附条件批准制度。对治疗严重危及生命且尚无有效的治疗手段的疾病以及公共卫生方面急需的药品，药物临床试验已有数据显示疗效并能预测其临床价值的，可以附条件批准，并在药品注册证书中载明相关事项，进一步提高临床急需药物的可获得性（第 26 条）。

（三）强化药品供应保障

对于社会关注的常用药、急（抢）救药短缺问题，药品管理法设"药品储备和供应"专章进行规定。国家实行药品储备制度（第 92 条）、建立药品供求监测体系（第 94 条）、实行短缺药品清单管理制度（第 95 条）、实行短缺药品优先审评制度（第 96 条）等，多部门共同加强药品供应保障工作。为了满足危重疾病患者的临床用药急需，进一步畅通境外新药的临时进口渠道，规定医疗机构因临床急需进口少量药品的，经国务院药品监督管理部门或者国务院授权的省、自治区、直辖市人民政府批准，可以进口（第65条）。

同时，对药品研制、生产、流通环节予以严格管理，守住公共安全底线。规定从事药品研制活动，应当遵守药物非临床研究质量管理规范、药物临床试验质量管理规范，保证药品研制全过程持续符合法定要求（第17条）；药品上市许可持有人应当建立药品质量保证体系，严格药品上市放行（第31、33条）；药品上市许可持有人应当按照国家规定全面评估、验证变更事项对药品安全性、有效性和质量可控性的影响（第79条）；药品上市许可持有人、药品生产企业、药品经营企业和医疗机构应当建立并实施药品追溯制度，按照规定提供追溯信息，保证药品可追溯（第36条）；药品上市许可持有人、药品经营企业，原则上可以通过网络销售国家实行特殊管理以外的药品，包括处方药（第61条）；药品存在质量问题或者其他安全隐患的，药品上市许可持有人应当立即停止销售、使用并召回，报告相关部门（第82条）。

（四）对违法行为进行最严厉的处罚

一是把刑事责任放在所有法律责任的最前面，专条规定违反药品管理法，构成犯罪的，依法追究刑事责任，保持对药品安全犯罪行为的高压态势（第114条）。二是提高财产罚幅度。对无证生产经营、生产销售假药等违法行为，罚款倍数由货值金额的2倍到5倍，提高到15倍到30倍，货值金额不足10万的按10万计算，也就是说，最低罚款150万元（第115、116条）。生产销售劣药违法行为的罚款，也从货值金额的1倍到3倍，提高到10倍到20倍（第117条）。三是加大资格罚力度。对假药、劣药违法行为责任人的资格罚由原来的10年禁业提高到终身禁业（第118条）；对生产销售假药被吊销许可证的企业，10年内不受理其相关的申请（第116条）；增加对伪造变造许可证、骗取许可证、严重违反质量管理规范的行为的责任人的资格罚。四是增加自由罚手段。对生产销售假药、劣药情节严重的，伪造变造许可证、骗取许可证等情节严重的行为，可以由公安机关对相关责任人处5日至15日的行政拘留（第118、122、123、124条）。五是落实"处罚到人"。对有严重违法行为的企业，在对企业进行处罚的同时，可以对企业的法定代表人、主要负责人、直接负责的主管人员和其他责任人同时给予一定的处罚，包括没收违法行为发生期间自本单位所获得收入，给予一定的罚款，给予一定期限甚至终身禁业等。六是明确民事责任。明确药品上市许可持有人和药品生产经营企业、医疗机构赔偿责任；境外药品上市许可持有人在中国境内的代理人与持有人承担连带责任；实行民事赔偿首负责任制，先行赔付后可依法追偿；对生产假药、劣药或者明知是假药、劣药仍销售、使用的，受害人还可要求惩罚性赔偿（第38、144条）。

六、动物防疫法修改导读

扫码看图解

针对我国动物防疫面临的复杂、严峻形势以及新冠肺炎疫情暴露出的短板和不足，2021年1月22日，《中华人民共和国动物防疫法》由第十三届全国人大常委会第二十五次会议修订通过，自2021年5月1日起施行。此次修订是时隔13年的再次系统性修订，

一图读懂《中华人民共和国动物防疫法》

以保障公共卫生安全和人体健康为重点，对我国动物防疫理念与防疫制度作了重要完善和创新，意义重大。

（一）有效落实动物疫病预防为主的方针

预防是动物防疫工作的前提和基础。一是规定由农业农村主管部门对饲养动物的单位和个人履行强制免疫义务的情况进行监督检查，定期对强制免疫计划的实施情况和效果进行评估，并要求村民委员会、居民委员会协助基层政府做好强制免疫相关工作（第18条）。二是明确由农业农村主管部门制定动物疫病净化、消灭规划并组织实施，鼓励和支持饲养动物的单位和个人开展动物疫病净化（第22条）。三是加强对集贸市场和畜禽活体交易的管理，规定县级以上地方人民政府应当根据本地情况，决定在城市特定区域禁止家畜家禽活体交易，并增加了经营动物、动物产品的集贸市场不符合动物防疫条件的法律责任（第26、98条）。四是规定国务院农业农村主管部门和海关总署等部门应当建立防止境外动物疫病输入的合作机制，与进出境动植物检疫法相衔接，织密防护网（第10条）。五是要求陆路边境省级政府合理设置动物疫病监测站点，健全监测工作机制，明确科技、海关、野生动物保护等部门的职责（第20条）。

（二）补齐公共卫生安全保障短板弱项

动物与人的传染病密切相关。此次修订重点从健全防治协作机制和加大法律责任方面予以强化，要求卫生健康、农业农村、野生动物保护等主管部门建立人畜共患传染病防治协作机制，在发生人畜共患传染病时，应当及时通报，提升人畜共患传染病防控的协调性、有效性（第10、20条）。同时，明确规定违反动物防疫法，造成人畜共患传染病传播、流行的，依法从重给予处分、处罚（第109条）。在野生动物检疫方面，明确由国务院农业农村主管部门会同国务院野生动物保护主管部门制定野生动物检疫办法。此外，从防止传播狂犬病等疫病的角度，就接种狂犬病疫苗、办理登记等重点环节提出要求，同时，明确由省、自治区、直辖市制定饲养犬只防疫管理的具体办法（第30条）。

（三）健全动物疫病控制与无害化处理制度

动物疫病的控制与无害化处理是防止动物疫病传播、提高公共卫生安全水平的重要环节。此次修订总结疫情防控经验，对动物疫病的控制、无害化处理等制度进行了完善。一是规定对从事动物运输的单位、个人以及车辆实行备案管理（第52条）。二是建立健全动物及其产品调运监管制度，跨省通过道路运输的动物应当经指定通道入省境或者过省境（第53条）。国家根据防控需要，可以采取禁止或者限制特定动物、动物产品跨区域调运等措施（第21条）。三是增加"病死动物和病害动物产品的无害化处理"一章，明确建立政府主导、市场运作的无害化处理机制和财政补贴制度（第59、60条），要求任何单位和个人不得买卖、加工、随意弃置病死动物和病害动物产品（第57条）。

 思考题

1. 什么是生态环境保护优先原则？

2. 国家机关应当如何处理个人信息？

本节扫码答题

第六节　公职人员监督与惩戒法律知识

一、监察法重点导读

制定监察法是深化国家监察体制改革的重要内容和关键环节。2018 年 3 月 20 日,《中华人民共和国监察法》由第十三届全国人大第一次会议通过,自 2018 年 3 月 20 日起施行。监察法对国家监察工作起统领性和基础性作用。

（一）监察委员会的性质、职责

各级监察委员会是行使国家监察职能的专责机关,是实现党和国家自我监督的政治机关,不是行政机关、司法机关。监察委员会依照监察法和有关法律规定履行监督、调查、处置职责（第 11 条）。

（二）监察对象

监察法第 15 条规定,监察机关对下列公职人员和有关人员进行监察:（1）中国共产党机关、人民代表大会及其常委会机关、人民政府、监察委员会、人民法院、人民检察院、中国人民政治协商会议各级委员会机关、民主党派机关和工商业联合会机关的公务员,以及参照公务员法管理的人员;（2）法律、法规授权或者受国家机关依法委托管理公共事务的组织中从事公务的人员;（3）国有企业管理人员;（4）公办的教育、科研、文化、医疗卫生、体育等单位中从事管理的人员;（5）基层群众性自治组织中从事管理的人员;（6）其他依法履行公职的人员。

（三）监察处置的方式

监察机关根据监督、调查结果,依法作出如下处置:（1）对有职务违法行为但情节较轻的公职人员,按照管理权限,直接或者委托有关机关、人员,进行谈话提醒、批评教育、责令检查,或者予以诫勉;（2）对违法的公职人员依照法定程序作出

扫码看讲座

监察机关履行职责的权限和手段有哪些

警告、记过、记大过、降级、撤职、开除等政务处分决定；（3）对不履行或者不正确履行职责负有责任的领导人员，按照管理权限对其直接作出问责决定，或者向有权作出问责决定的机关提出问责建议；（4）对涉嫌职务犯罪的，监察机关经调查认为犯罪事实清楚，证据确实、充分的，制作起诉意见书，连同案卷材料、证据一并移送人民检察院依法审查、提起公诉；（5）对监察对象所在单位廉政建设和履行职责存在的问题等提出监察建议。监察机关经调查，对没有证据证明被调查人存在违法犯罪行为的，应当撤销案件，并通知被调查人所在单位。

二、公职人员政务处分法重点导读

2020年6月20日，《中华人民共和国公职人员政务处分法》由第十三届全国人大常委会第十九次会议通过，自2020年7月1日起施行。此前，关于公职人员处分的情形、适用规则、程序等方面的规定，散见于公务员法、法官法、检察官法、《行政机关公务员处分条例》、《事业单位工作人员处分暂行规定》等法律法规规章中。公职人员政务处分法的出台，改变了处分标准不统一的局面，提升了政务处分工作的法治化、规范化水平，是继监察法之后深化国家监察体制改革的又一重要制度成果。该法所称公职人员，与监察法第15条规定的人员一致。

（一）政务处分与处分的关系

根据公职人员政务处分法第2条、第3条的规定，监察机关对违法的公职人员给予政务处分，公职人员任免机关、单位对违法的公职人员给予处分，确立了政务处分与处分双轨并行的二元处分体制，体现了监督全覆盖的本质要求。任免机关、单位给予所管的公职人员处分，与公务员法等现行法律法规

扫码看讲座

什么情形可以给予政务处分

的规定保持了协调衔接；监察机关给予政务处分，则是国家监察体制改革的一项重大制度创新。监察机关发现公职人员任免机关、单位应当给予处分而未给予，或者给予的处分违法、不当的，应当及时提出监察建议。对公职人员的同一违法行为，不得重复给予政务处分与处分。在程序、申诉等方面，政务处分执行的是监察法和公职人员政务处分法的规定，处分执行的是公务员法等其他规定。

（二）政务处分种类和适用规则

公职人员政务处分法规定的处分种类与监察法保持一致，即警告、记过、记大过、降级、撤职、开除等六类（第 7 条）。并对不同种类政务处分规定了相应的政务处分期间，警告为 6 个月，记过为 12 个月，记大过为 18 个月，降级、撤职为 24 个月；政务处分决定自作出之日起生效，政务处分期自政务处分决定生效之日起计算（第 8 条）。

公职人员政务处分法对处分的合并适用（第 15 条），共同违法的处分适用（第 9 条），已免除领导职务人员和退休、死亡等公职人员的处分适用（第 18、27 条），从重、从轻、减轻处分以及免予、不予处分的适用（第 11、12、13 条），违法利益的处理（第 25、27 条），以及处分期满解除制度（第 26 条）等规则作了具体规定。

（三）公职人员违法行为及适用的处分

政务处分事由法定。公职人员政务处分法第三章对适用政务处分的违法情形作了详细规定，参考党内纪律处分条例的处分幅度，根据行为的轻重程度规定了相应的处分档次，并针对职务违法行为和一般违法行为规定了兜底条款。

三、公务员法修改导读

公务员法是我国干部人事管理中第一部基础性法律。2018 年 12 月 29 日，《中华人民共和国公务员法》由第十三届全国人大常委会第七次会议修订通过，自 2019 年 6 月 1 日起施行，体现新时代对公务员队伍的新要求。

（一）坚持党的领导，强化政治意识

此次公务员法修订的最根本一点，就是强化党对公务员队任的领导地位、领导作用以及党对公务员的监督能力。第 4 条"公务员制度坚持中国共产党领导"，第 13 条"拥护中国共产党领导和社会主义制度"以及第 14 条"自觉接受中国共产党领导"等新增规定，都对提高公务员的理想、信念、政治素质、组织纪律具有很强的推动作用。

（二）调整充实从严管理干部有关规定

为进一步扎牢从严管理公务员的制度笼子，本次修订将第九章章名"惩戒"修改为"监督与惩戒"，增加了有关加强公务员监督的规定（第 57、58 条），列出公务员不得实施的 18 种行为，增加"挑拨、破坏民族关系，参加民族分裂活动或者组织、利用宗教活动破坏民族团结和社会稳定""不担当，不作为""违反家庭美德"等禁止性纪律规定（第 59 条）。对任职回避情形（第 74 条）、地域回避情形（第 75 条）、责令辞职规定（第 87 条）、离职后从业限制规定（第 107 条）等进行了修改完善。同时，新增"被

扫码看讲座

担任公务员的基本要求

开除中国共产党党籍的"和"被依法列为失信联合惩戒对象的"为不得录用的条件（第 26 条），并依据公务员管理实践需要，增加了在录用、聘任等工作中违纪违法有关法律责任的规定（第 109 条）。

思考题

1. 政务处分与处分是什么关系？

2. 公务员应当遵守哪些纪律要求？

本节扫码答题

第七节　深入学习贯彻党内法规

一、学习贯彻党内法规的重要性

《全面推进依法治国的决定》明确指出，党内法规既是管党治党的重要依据，也是建设社会主义法治国家的有力保障。这是对党内法规在全面推进依法治国中重要地位的准确定位，是我们党对依据党内法规管党治党与依法治国之间关系的科学把握。

党内法规是全体党员的基本遵循和行为规范。党员、干部认真学习贯彻党内法规，是保持党的先进性和纯洁性、增强党的凝聚力和战斗力的重要保证，

是全面从严治党、依规治党的必然要求。

习近平总书记多次指出，要牢固树立党章意识、制度意识，养成纪律自觉，知边界、明底线，把他律要求转化为内在追求。加强学习是党员、干部自觉贯彻执行党内法规的基础与前提，学深才能悟透，悟透才能内化于心、外化于行。广大党员、干部要结合学习贯彻习近平法治思想，进一步增强制度意识和法治观念，深入学习自觉贯彻党内法规，不断提高党内法规的执行力，坚定不移推进制度治党、依规治党。

二、系统全面掌握党内法规

党内法规体系，是以党章为根本，以民主集中制为核心，以准则、条例等中央党内法规为主干，以部委党内法规、地方党内法规为重要组成部分，由各

中国共产党党内法规体系

领域各层级党内法规组成的有机统一整体。加强党内法规制度建设是全面从严治党的长远之策、根本之策。党的十八大以来，党内法规制定力度之大、出台数量之多、制度权威之高、治理效能之好都前所未有，党的制度建设取得历史性成就。在建党 100 周年之际，一个比较完善的党内法规体系已经形成。

学习党内法规，不仅要学习条文规定，更要学习蕴含其中的设计理念；既要学习某一党内法规，也要从党内法规体系的角度去审视。能否系统全面掌握党内法规的基本内容，体现着学习党内法规的成效。党员领导干部要认真学习党章、准则、条例，对照检视分析，把自己摆进去、把职责摆进去、把工作摆进去。

1. 党章是立党治党管党的总章程，对党的性质和宗旨、路线和纲领、指导思想和奋斗目标、组织原则和组织机构、党员义务和权利以及党的纪律等作出根本规定，全面阐明党的政治立场、政治目标、政治路线、政治方针，集中反映党重大的理论创新、实践创新、制度创新成果，是党和人民实践经验和集体智慧的结晶，是党的统一

《中国共产党章程》总纲

意志最集中体现，是统一全党思想和行动、引领全党前进的"一面公开树立起来的旗帜"。

党章是党的根本大法，是全党必须遵守的总规矩，是全党最基本、最重要、最全面的行为规范，是坚持党的全面领导、加强党的自身建设的根本依据，是党管党治党、执政治国的根本遵循。党章由党的全国代表大会制定和修改，代表党的最高意志，在党内法规体系中位阶最高，具有最高效力和最高权威。

党的十九大对党章作出了 100 多处修改，将习近平新时代中国特色社会主义思想确立为党的指导思想，把党的十九大报告确立的管党治党、治国理政重大理论观点和重大战略思想写入党章，为党的根本大法注入新时代血液。

2.准则、条例是对党章规定的具体化，为全体党员树立了看得见、够得着的高标准，划出了党组织和党员不可触碰的纪律底线。准则对全党政治生活、组织生活和全体党员行为等作出基本规定，集中体现党章精神，地位仅次于党章。条例对党的某一领域重要关系或者某一方面重要工作作出全面规定。《十八届中央政治局关于改进工作作风、密切

增强"四个意识"

联系群众的八项规定》《关于新形势下党内政治生活的若干准则》《中国共产党廉洁自律准则》《中国共产党党内监督条例》四部规范架起了党内法规的"横梁"，构成下位党内法规的立规指南和框架。

3.规定、办法、规则、细则对党的某一方面重要工作的要求和程序等作出具体规定。中央纪律检查委员会以及党中央工作机关和省、自治区、直辖市党委制定的党内法规，可以使用规定、办法、规则、细则的名称。规定、办法、规则、细则等配套性法规，对贯彻落实基础主干法规起着重要作用，增强了主干法规的针对性和可操作性。当前，党内法规体系中已经形成若干个以准则、条例为龙头，以配套性法规为细化补充的制度群。

三、强化执规责任落实，提高党内法规执行力

习近平总书记多次强调，有规可依的问题基本解决后，要更加重视提高党

内法规执行力,把制度的刚性立起来。执行力是党内法规的生命力。各级党组织和全体党员负有遵守党内法规、维护党内法规权威的义务。为了提高党内法规执行力,推动党内法规全面深入实施,2019年中共中央印发了《中国共产党党内法规执行责任制规定(试行)》,明确党委、党组、党的工作机关、党的基层组织、党的纪律检查机关等各级各类党组织和党员领导干部的执规责任,围绕部署推动执规工作、执规能力建设、实施评估等建立健全保障机制,并对监督考核、责任追究等提出要求。

落实执规责任,一是要强化执规意识,各级党组织和党员领导干部必须牢固树立执规是本职、执规不力是失职的理念,切实担负起执行党内法规的政治责任;二是要压实执规责任,建立健全党委统一领导、党委办公厅(室)统筹协调、主管部门牵头负责、相关单位协助配合、纪检机关严格监督的体制机制,明责知责、履责尽责、考责问责;三是要提高执规能力,党员领导干部要带头学习宣传党内法规,带头严格执行党内法规,带动广大党员、干部以尊崇的态度、敬畏的精神守规用规护规;四是要坚持执规必严,严肃查处违反和破坏党内法规的各种行为,防止形成"破窗效应"。

🔍 以案学法 15

忠诚、干净、担当:人民的"樵夫"廖俊波

廖俊波(1968—2017),生前系福建省南平市委常委、副市长、武夷新区党工委书记,2015年荣获"全国优秀县委书记"称号,2017年被追授"全国优秀共产党员"称号。入党25年来,廖俊波同志始终信念坚定、不忘初心,对党和人民无限忠诚,在每一个工作岗位都倾心尽力为党和人民事业奋斗,直至生命最后一刻。他担任政和县委书记期间,时刻想着"如何让老区人民尽快脱贫增收",带头深入贫困村蹲点调研,分类推进精准扶贫,坚持"赚钱的事让群众干,不赚钱的事让党委政府干",政和县3年多时间累计减少贫困人口3万多人,连续3年进入福建省县域经济发展"十佳"。他当事不推责、遇事不避难,抓工作"能在现场就不在会场",以"背石头上山"的劲头带领干部群众苦干实干,常年奔忙在项目建设、园区开发、脱贫攻坚工作一线。他严守廉洁底线,做人

光明磊落，从不利用权力、地位为自己和亲属谋取私利，时常叮嘱家人多付出、多奉献，不搞特殊，以良好形象和口碑赢得了党员、干部和群众的广泛赞誉。2017年3月18日晚，在赶往武夷新区主持召开会议途中不幸发生车祸，因公殉职，年仅48岁。

【评析】以人为镜，可以明得失。廖俊波同志以党和人民事业为最高追求，以干事创业、造福百姓为最大快乐，始终做到心中有党、心中有民、心中有责、心中有戒，是新时期县委书记的好榜样，是用生命践行忠诚、干净、担当要求的好干部。他的一生，是两袖清风的一生，站立的是一座廉洁奉公、干净做事的坚强堡垒。自从政以来，廖俊波同志严格遵守党员领导干部廉洁自律规范，秉公用权、修身齐家，从不搞特殊，从不因公徇私，从不关亲顾友，用实际行动彰显了共产党人的高尚情操和先进本色。他没有惊天动地的壮举，却致力解决事关群众切身利益的"民生大计"；没有气壮山河的豪言，却以平凡而精彩的生命诠释着"四讲四有"。廖俊波给自己的微信昵称取名为"樵夫"，他认为自己就是大家的"砍柴人"，一个誓言让百姓过上幸福生活的砍柴人。廖俊波虽然离开了我们，但却给我们留下了宝贵的精神财富，用行动和担当书写了为官从政的最美注解。向廖俊波看齐，党员领导干部义不容辞、责无旁贷，当自觉行动跟进，聚焦对标，恪守为官从政之道，把"为民"装在心中，把"务实"迈在脚下，把"清廉"握在手上，不忘初心、砥砺前行。

 **思考题**

1. 如何理解中国共产党人初心和使命的深刻内涵？

2. 党员干部如何保持政治本色，在廉洁自律上作出表率？

本节扫码答题

第八章

国家工作人员要提高运用法治思维和法治方式的能力

习近平总书记强调：法治是一种基本思维方式和工作方式，法治化环境最能聚人聚财、最有利于发展。国家工作人员要坚持学法用法相结合，努力提高法治素养，增强运用法治思维和法治方式深化改革、推动发展、化解矛盾、维护稳定的能力水平，充分发挥在建设社会主义法治国家中的重要作用，进而带动广大群众信法、尊法、守法、用法，最终实现法治中国的伟大梦想。

扫码学讲话

习近平关于法治思维和法治方式的重要论述

第一节 国家工作人员运用法治思维和法治方式的重要性

法治思维是以法治为价值追求和以法治规范为基本遵循来思考问题、指导行动的一种思维方式，法治方式则是运用法治思维处理和解决问题的行为方法和准则。法治思维与法治方式是内在与外在的关系，两者之间属于法治要求内化于心、外化于行的辩证统一关系。法治思维影响和决定着法治方式，法治方式是法治思维在方法论上的体现。

一、法治思维和法治方式是全面推进依法治国的前提条件

相对于人治，法治具有明显的优越性。法治能够保持执政党的执政理念、执政路线、执政方针的连续性、稳定性、权威性，不因领导人的改变而改变，不因领导人看法和注意力的改变而改变。同时，法治是公开透明的规则之治和程序之治，具有可预期性、可操作性、可救济性，能够使人民群众形成合理预期和安全感，确保国家治理的公信力。

能不能做到依法治国，关键在于党的各级组织能不能坚持依法执政，各级政府能不能依法行政。党的十八大以来，习近平总书记在多个场合提出要更加注重法治在国家治理和社会管理中的重要作用，多次强调运用法治思维和法治方式治国理政的重要性。国家工作人员具体行使国家立法权、行政权、监察权、司法权，在全面推进依法治国方面肩负着重要责任，很大程度上影响着全面依法治国的方向、道路和进度。国家工作人员法治意识、法治能力强，全面依法治国就能顺利推进，而把法治作为基本思维方式和工作方式，显然是全面推进依法治国这个系统工程中必不可少的前提条件。国家工作人员必须遵循法治的规律和原则，善用法治思维和法治方式处理工作当中的问题和矛盾。

二、法治思维和法治方式是国家治理现代化的内在要求

习近平总书记指出，全面推进依法治国，"是完善和发展中国特色社会主义制度、推进国家治理体系和治理能力现代化的重要方面"。树立法治思维，运用法治方式，推动国家各项工作法治化，有助于找到国家治理体系和治理能力现代化的正确道路，有助于最大限度凝聚共识，提升国家治理能力，实现国家治理现代化的各项目标。

一方面，按照法治思维和法治方式作出的制度安排是国家治理的最优方式。推进国家治理体系和治理能力现代化，就是要适应时代变化，既改革不适应实践发展要求的体制机制、法律法规，又不断构建新的体制机制、法律法规，使各方面制度更加科学、更加完善，实现党、国家、社会各项事务治理制度化、规范化、程序化。全面推进依法治国为改革设计了法治的最优路径，而法治思

维和法治方式则是凝聚法治共识的根本。

另一方面，法治思维是增强国家工作人员履职尽责科学性、预见性、主动性的有效路径。提高国家工作人员法治思维和法治素养，是对其规范品格的锤炼。国家工作人员只有增强尊法学法守法用法意识，善于运用法治方式开展工作，善于运用法治的稳定性和可预期性应对风险，才能战胜各种风险和困难，不断推进事业发展。

第二节　国家工作人员运用法治思维和法治方式的基本遵循

一、坚持党的领导

党的领导是中国特色社会主义法治之魂。坚持党的领导是社会主义法治的根本要求，是全面依法治国题中应有之义。习近平总书记深刻指出：要坚持党对全面依法治国的领导。党的领导是推进全面依法治国的根本保证。国际国内环境越是复杂，改革开放和社会主义现代化建设任务越是繁重，越要运用法治思维和法治手段巩固执政地位、改善执政方式、提高执政能力，保证党和国家长治久安。

坚持依宪治国、依宪执政，首先就包括坚持宪法确定的党的领导地位不动摇。全心全意为人民服务是党的宗旨，党代表着我国最广大人民的根本利益。坚持党总揽全局、协调各方的领导地位，能更好地维护人民根本利益。这与国家尊重和保障人权的宪法精神内核相契合。习近平法治思想中重申党对全面依法治国的领导，实际上就是贯彻宪法中党的领导的精神内核。

二、宪法法律至上，法律面前人人平等

宪法是国家最高规则，法律是国家最大的规则体系。在所有社会规范体系中，法律是效力最高、地位最优、最具普遍性和强制力的规范。法律至上要求其他规范必须遵从法律规范，不得与之相抵触。法律至上尤指宪法至上，宪法具有最高的法律效力，一切规范性文件都不得与宪法相抵触。

宪法法律至上、法律面前人人平等是社会主义法治理念的首要内涵。任何

组织和个人都必须尊重宪法法律权威，在宪法法律范围内活动，都必须依照宪法法律行使权力或权利、履行职责或义务。国家工作人员要彻底摒弃人治思想和长官意志，深刻认识到无论职务高低、权力大小、贡献多少，都没有超越宪法法律的特权，都要运用法治思维和法治方式想问题、作决策、办事情。

三、以人民为中心

扫码学讲话

推进全面依法治国，根本目的是依法保障人民权益。习近平法治思想中以人民为中心的理念，除了体现为全面依法治国必须坚持"依靠人民"，还体现为全面依法治国必须坚持"为了人民"。这恰恰与"国家尊重和保障人权"的宪法精神相契合。"人民权益"在宪法中体现为公民的基本权利，包

习近平谈以人民为中心

含人的尊严、自由以及政治权利、经济生活文化权利等。"依法保障"在宪法中则体现为国家义务的履行，既包括国家对公民权利负有尊重义务，公权力不肆意干涉、侵犯公民权利；又包括国家对公民权利负有保护义务，国家机关的一切活动必须在权利保障的前提下进行，通过制度配套、组织设置、程序安排等，促成对公民权利的保护。

国家工作人员要把体现人民利益、反映人民愿望、维护人民权益、增进人民福祉落实到全面依法治国各领域全过程。要积极回应人民群众新要求新期待，研究和解决法治领域人民群众反映强烈的突出问题，不断增强人民群众获得感、幸福感、安全感，用法治保障人民安居乐业。

四、职权法定

职权是公权力，必须通过法律这个治国之重器来配置和规范。国家工作人员手中的权力是人民通过法律赋予的，来自法律的明确授权。人民性是职权合法性的政治基础，合法性是职权行使有效性的逻辑前提。职权法定，意味着职权的实体内容和运行程序都必须依法、合法。

在实体内容上，必须坚持法定职责必须为，不依法履行职责就是失职渎职；必须坚持法无授权不可为，无授权而行使就是越权，不仅无效，而且蔑视和践

踏了法治。在运行程序上，必须坚持职权行使的正当程序。正当程序或者程序正义是现代法治社会的重要标志，是良法善治的必然要求。依照法定程序行使权力，必然要求权力公开、公平、公正地行使，一切行使权力的行为都要过好程序关。除法定情形，都应当将权力运行的过程和结果进行公开。

五、接受监督

扫码学讲话

习近平谈公权力监督

"权力导致腐败，绝对权力导致绝对腐败。"任何人都没有法律之外的绝对权力，任何人行使权力都必须为人民服务、对人民负责并自觉接受人民监督。国家工作人员手中的权力都是党和人民赋予的，接受监督是天职和本分，只有通过监督才能保障权力在法定界限内行使，防止以权谋私、懒政失职，真正用好权、服务好人民。

"权力"是把双刃剑，善用者，为民谋福祉，且体现自身价值；滥用者，则伤及群众利益，殃及政府公信力，有的甚至把自己送上"不归路"。国家工作人员只有自觉接受法律监督、监察监督和人民监督，加强自我监督，把权力关进制度的笼子，才能最大限度地保证权力正确行使。

第三节 国家工作人员法治思维和法治方式的养成和提高

习近平总书记指出，谋划工作要运用法治思维，处理问题要运用法治方式，说话做事要先考虑一下是不是合法。国家工作人员要将法治思维和法治方式变成自己的思想自觉和行为习惯，切实推动法治中国建设行稳致远。

一、法治思维的主要内涵

牢固树立法治思维，是提高依法办事能力的前提。树立法治思维，养成运用法治思维的习惯，首先要掌握法治思维的主要内涵。法治思维，是遵循法治理念，运用法律规范、法律原则、法律精神和法律逻辑，对事物进行分析、综合、判断、推理，并形成结论、决定的思想认识活动和过程。作为一种基于法治的固有特性和对法治的信念来认识事物、判断是非、作出决策的思维方式，法治思维具有特定的内涵，主要包含以下几方面内容。

（一）规则思维

规则思维是法律的特质决定的。法律是明确的、稳定的、可预测的行为规则。作为一种依照法律进行思考的思维方式，法治思维带有规范性特征，具体体现为受各种具体法律规定与法律原则的约束和指引。规则思维本质上是一种合法性思维。法治思维运用规则对各种问题进行观察、思考、判断，想问题、办事情始终将合法性放在第一位，所有思考和决策都必须围绕规则展开。一个具有法治思维的人，必然尊崇法治、敬畏法律，以既定的法律规则作为观察、思考和判断的依据，把严格遵循法律的价值以及法律的规定作为说话办事的底线。

（二）权利保护思维

权利保护思维是法治的根本宗旨决定的。社会主义法治以保障人民根本利益为出发点和落脚点，保证人民依法享有广泛的权利和自由，承担应尽的义务，维护社会公平正义。法治思维要求在谋划工作、思考问题、分析问题、作出决策时，以保障人民群众根本利益为出发点和落脚点，始终站在人民群众的立场和角度思考问题，切实有效保障人民群众的正当权利。

（三）权力限制思维

权力限制思维是法治的基本任务衍生的。为了保障人民权益，推进公权力机关的机构、职能、权限和责任的法定化，确定公权力行使的基本规则，规范公权力运行，就成为法治的基本任务之一。为此，法治思维要求将权力关进制度的笼子里，要求遵循"法定职责必须为，法无授权不可为"的原则，规定公权力行使者不得法外设定权力，不得在没有法律法规依据的情形下作出减损公民、法人和其他组织合法权益或者增加其义务的决定。

（四）程序思维

程序思维是法治的基本特点要求的。程序是实体法律规范实施的正当性和有效性的前提。程序思维要求任何法律法规被运用于现实生活时，必须遵循特定程序，以消除恣意与不确定性，要求在推进各项工作的过程中注重程序正义，强调公正的法律程序的优先性。事实上，由于程序往往具有一整套确保法律法规准确适用的措施和方式，以及让争议各方平等、充分地发表意见的机制，按照程序进行处理是确保法律法规准确实施和最大限度化解争议的有效手段。

二、法治思维和法治方式的养成

任何一种思维方式和行为方式的养成，往往都要经历一个深入学习、深刻领会、坚定信念、反复践行、形成习惯，最后升华到品格的过程。

（一）深化法治认同

法治是现代制度文明的核心，是国家治理体系和治理能力现代化的重要标志。只有内心尊崇法治，才能行为遵守法律。只有铭刻在人们心中的法治，才是真正牢不可破的法治。国家工作人员不仅要深化对法治重要性的认识，而且要深化对法治本质的认识，增强养成法治思维的自觉性。法治既是工具，更是价值。只有把法治作为价值来追求，才能提高运用法治思维和法治方式的层次和水平。法治既授予权力，更约束权力。权力的行使必须按照法定的权限和程序进行。从这一意义上讲，法治的要义首先是限制权力、防止滥用。对于国家工作人员来说，法治首先意味着约束。国家工作人员要深谙权力的有限性，树立正确的权力观、法治观，涵养法治自觉，使尊崇法治、敬畏法律成为价值追求和行为习惯，为法治思维和法治方式的养成筑牢思想理论基础。

（二）提高学法能力

学法懂法是守法用法的前提，应该成为国家工作人员的一种自觉要求。国家工作人员只有了解法律、掌握法律，才能正确行使权力、开展工作。只有不断学习领会法律规范性文件并升华为法治思维，才有可能运用法治方式把法律制度优势转化为法治效能。

国家工作人员要把法律知识作为自身日常学习的重要板块，通过工作实践学习、党内政治生活学习、业余时间学习等方式，不断丰富法律知识。不但要深入学习习近平法治思想，深入学习与自己工作生活密切相关的法律法规，还要适应新形势新任务新要求，与时俱进，结合实际，认真学习重要法律法规；既要了解相关立法的时代背景、宗旨目的，也要掌握和领会相关条文的要旨；

既要弄清法律授予的权力及边界，也要明晰权力行使的程序、不依法行使应承担的责任等，进而正确认识和深刻把握中国特色社会主义法治的运行规律和精神实质，系统培育法治思维方式，提高依照法定权限、程序行使权力的能力，不断提高法治素养。同时，还要注重对党内法规的学习，以保证政治头脑的绝对清醒。

（三）加强实践养成

国家工作人员要大力实践法治思维，遵纪守法、捍卫法治，提高法治能力。工作中要把法治作为前置性要求，无论何时何事，首先看一下法律有何规定、如何规定的，程序上有何要求，不依法行使权力需要承担什么责任。对法定职责范围内的事，要尽职尽责、积极作为、勇于担当；对法定职责范围以外的事，要如履薄冰，三思而行，从实体和程序等多重维度规范权力的运行。既要反对不作为，更要反对乱作为。有法律规定的，遵循法律规定；没有法律规定的，遵循法治原则、法治原理。要积极旁听庭审，在法治学习的同时，进行法治调研和生动的法治实践，牢固树立责任意识和拒腐防变意识，更好地依法行政。

（四）坚定法治信仰

习近平总书记指出：法律要发生作用，首先全社会要信仰法律。如果一个社会大多数人对法律没有信任感，认为靠法律解决不了问题，那就不可能建成法治社会。法治信仰是人们对法所表现出的忠诚意识、崇高追求、巨大热情和高度信任，包含着社会对法治的理性推崇，寄托着公民对法治的理想情感，是对法律认识的最高级阶段。

对法治的信仰需要在科学立法、严格执法、公正司法、全民守法的具体实践中逐渐积累形成。国家工作人员的信念、决心及行动，对全面推进依法治国具有举足轻重的意义。国家工作人员只有树立对法治的坚定信念，自觉崇尚、遵守、捍卫法治，才能真正敬畏法治对权力的约束，敬畏公民的合法权益，自觉为人民谋利益。

三、提高运用法治思维和法治方式的能力

"国无常强，无常弱。奉法者强，则国强；奉法者弱，则国弱。"作为代表国家行使公权力、管理国家和社会事务的公职人员，作为国家各项法律法规的直接实施者和执行者，以及全面推进依法治国的组织者、推动者、实践者，

国家工作人员正是组成"奉法者"的主体。国家工作人员在大量的具体事务和执法等实践中，只有提高运用法治思维和法治方式依法决策、依法行政、依法改革、依法维稳和依法化解矛盾和风险的能力，才能推动形成办事依法、遇事找法、解决问题用法、化解矛盾靠法的良好法治环境，进而在法治轨道上推动各项工作，保证法治中国建设宏伟目标的顺利实现。

（一）依法决策，公正用权

在法治化程度越来越高的现代社会，国家工作人员特别是领导干部必须严于用权、公正用权，善于运用法律的功能和权威，科学决策、民主决策、依法决策。要把决策纳入法治轨道，坚持并完善重大行政决策程序制度，从决策的源头抓起，广泛征求各方面的意见建议，最大限度凝聚共识，把合法性作为决策的第一道标尺，确保决策制度科学、程序正当、过程公开、责任明确，使决策更加科学民主、更具实效，经得起历史和法律的检验，有效防控决策风险。要发挥法律顾问和公职律师作用，有效规避法律风险，不断提升依法行政能力和水平。

（二）依法行政，规范办事

"天下之事，不难于立法，而难于法之必行。"国家工作人员必须把依法行政、规范办事作为基本准则，带头遵守法律法规，在履职尽责时不越位、不错位、不缺位，切实做到法定职责必须为、法无授权不可为。要改进执法方式，做到严格规范公正文明执法，确保各项执法活动在法治轨道上开展。要坚持以人民为中心，认真践行执法为民理念，寓执法、管理于服务中，解决群众最不满意、反映最强烈的问题。要自觉接受监督，把权力关进制度的笼子，让权力行使于法有据，保证有权必有责、有责要担当。

（三）依法维稳，促进和谐

国家工作人员要把维护社会大局稳定作为基本任务，在法律框架内维护人民群众的切身权益，依法惩治各类犯罪，切实维护政治安全，最大限度地赢得人民群众的拥护和支持，确保人民安居乐业、社会安定有序、国家长治久安。要注重发挥法律对权利义务、社会纠纷的规范引导和有效疏解作用，运用法治方式调解处理社会矛盾，引导人民群众依法表达诉求。要深入开展普法宣传教育，努力做好群众身边的法律服务，加强公民道德建设，弘扬中华优秀传统文化，增强法治的道德底蕴，营造良好的法治环境。要强化社会治理的法治思维，夯实执法履职的法治能力，提升社会治理法治化水平。

🔍 以案学法 16

"访调对接" 速化解：工伤赔偿纠纷案

陈某某是某物流公司员工，于 2020 年 2 月 24 日在某快运公司分拨场地自行取件装货过程中不慎被倾倒的货物砸伤。经送医治疗，诊断结论为：腰部损伤腹部损伤，多发胸椎骨折，脊髓损伤，截瘫，多发肋骨骨折等。后经劳动部门认定为工伤，伤残等级 2 级。由于无法与涉事公司取得联系，难以同两家公司协商赔偿事宜，陈某某向某镇访调对接室寻求帮助。

值班律师接案后将该纠纷转给该镇矛盾纠纷调解中心共同处理。调解中心调解员迅速出动，最终与两家公司取得联系，三方于 2020 年 9 月 15 日在该镇访调对接室协商处理此事，并初步对该事达成一致处理意见。

2020 年 9 月 16 日，访调对接室律师、司法所调解员同某快运公司代表亲赴医院看望陈某某，某快运公司代表将 5 万元现金直接交给陈某某。由于仲裁程序时间较久，加之陈某某治疗费用吃紧，访调对接室和司法所为解决其急需的治疗费用和基本生活费用，组织三方就提前支付陈某某部分医疗费用进行调解。三方达成一致协议：某快运公司初步赔偿陈某某 19 万元用于应急；陈某某与某物流公司工伤赔偿纠纷继续通过仲裁程序进行。

【评析】访调对接是矛盾纠纷多元化解机制的重要一环和维护稳定的基础性工作，是新时代"枫桥经验"的践行和发展。本案中，工伤赔偿法律关系相对明确，责任划分也无较大的争议，难点在于如何迅速找到涉事公司并以最快的速度达成调解协议。由于受伤当事人的经济状况不允许花费较长时间去处理工伤赔偿争议，需先行确定初步的赔偿协议，解决当事人急需的治疗费用和基本生活费用，其余再通过正常的仲裁程序继续解决。该访调对接案件的调解，兼顾了现实需求以及公平公正，实现了情与法相结合，及时有效地把矛盾纠纷妥善解决在萌芽状态、化解在基层。

（四）依法改革，推动发展

改革和法治如鸟之两翼、车之两轮。面对改革中不断涌现的新事物和新问题，国家工作人员要坚持把法治和改革有机统一起来，充分发挥法治对改革的引领、推动和保障作用，凝聚改革共识、维护改革秩序、巩固改革成果。尤其是进入新发展阶段，国家工作人员更要强化使命担当，牢固树立法治思维和改革思维，提高运用法治思维和法治方式深化改革的能力。要注重营造公平公正的法治化发展环境，面对影响和制约发展的思想和体制机制障碍，敢于破难题、辟新径。正确处理好改革"破"与法治"立"的关系，推动改革成果的法治化，为改革发展铺设法治轨道贡献力量。

思考题

1. 什么是职权法定？
2. 国家工作人员为何要自觉接受监督？
3. 如何用法治思维谋划工作，用法治方式处理问题？

本章扫码答题

编 后 语

　　2021 年 6 月 16 日，中共中央、国务院转发了《中央宣传部、司法部关于开展法治宣传教育的第八个五年规划（2021—2025 年）》。"八五"普法规划力求在继承中创新，特别注重思想引领，把深入学习宣传贯彻习近平法治思想作为主线；注重素养提升，把持续提升公民法治素养作为重点；注重提质增效，把提高普法针对性和实效性作为工作着力点。

　　为配合"八五"普法工作，展现新时代法律图书出版人的新作为，我们在"八五"普法图书的策划和组稿过程中始终坚持的思路是，打破陈旧模式，紧跟中央精神，符合各地实际，顺应新时代各类群体学法用法新期待。其间，中国民主法制出版社的编辑们和中国社会科学院法学研究所的专家学者们进行了多次研讨，结合最新形势、法律、政策以及表现形式等进行探索，力求图书内容更精进、形式更丰富，契合"八五"普法规划要求。

　　这本《国家工作人员法治教育学习教材（融媒体版）》，即是我们"八五"普法·融媒体学习教材系列中的一个分册。全书以习近平法治思想为引领，以宪法、民法典等"八五"普法重点内容为主体进行法律知识讲解，在辅以重要领域最新典型案例及精辟评析的同时，还穿插了扫码学讲话、扫码看讲座、扫码看原文/解读、扫码答题等融媒体拓展形式，以提高普法针对性和实效性，提升国家工作人员法治素养，顺应新时代国家工作人员学法用法新期待。

　　本书共八章，经中国社会科学院学部委员、法学研究所原所长李林研究员审定。前四章由中国社会科学院法学研究所所长莫纪宏研究员撰写，部分省市司法厅（局）普法与依法治理机构负责同志参与了本书的编写工作。全书由中国法学会《民主与法制》原总编辑、中国民主法制出版社高级编辑、法宣在线总编审刘桂明同志负责统筹，由中国民主法制出版社法律应用分社图书编辑部主任、法宣在线副总编辑张佳立同志统编稿件并组织审校工作。

　　衷心希望本书的出版，能够帮助国家工作人员牢固树立法治观念，提高运用法治思维和法治方式的能力，促进知行合一，同时，为谱写全面依法治国新篇章贡献出版人的一份力量。

　　衷心感谢读者的厚爱，致敬所有为本书辛勤付出的筹划、编审、发行人员。

编　者

2021 年 9 月

图书在版编目（CIP）数据

国家工作人员法治教育学习教材：融媒体版 / 中国社会科学院法学研究所法治宣传教育与公法研究中心组织编写. -- 北京 ： 中国民主法制出版社，2021.6

全国"八五"普法融媒体学习教材系列

ISBN 978-7-5162-2641-4

Ⅰ．①国… Ⅱ．①中… Ⅲ．①法律－中国－岗位培训－教材 Ⅳ．①D92

中国版本图书馆CIP数据核字(2021)第145294号

图书出品人： 刘海涛
出 版 统 筹： 陈百顺
责 任 编 辑： 郝志新　龚　燕

书　　　名 / 国家工作人员法治教育学习教材（融媒体版）
作　　　者 / 中国社会科学院法学研究所法治宣传教育与公法研究中心　组织编写

出版·发行 / 中国民主法制出版社
地址 / 北京市丰台区右安门外玉林里7号（100069）
电话 / （010）62155988　　　（010）62167260
传真 / （010）62167260
http：// www.npcpub.com
E-mail：mzfz@npcpub.com
经销 / 新华书店
开本 / 16开　710毫米×1000毫米
印张 / 12.25　　　**字数** / 186千字
版本 / 2021年9月第1版　　　2021年9月第1次印刷
印刷 / 廊坊市国彩印刷有限公司

书号 / ISBN 978-7-5162-2641-4
定价 / 38.00元